▲ 当元宇宙遇上旅游业(灯光璀璨秀杭州——夜色中的钱塘江)

▲ 在杭州·见未来(雪天远眺杭州西湖雷峰塔)

▲ 向世界讲述杭州西湖的 33 个月亮（杭州西湖中的"三潭印月"景观）

▲ 你知道杭州灵隐寺里的"卍"字符吗
  ［杭州灵隐寺药师殿内的药师佛（中间）、
  月光菩萨与日光菩萨］

▲ 穿越时空的对话——苏先生的西湖
  （杭州苏堤的早晨）

▲ 万物伙伴，文旅相伴
（中国美术学院学子徐哲斓作品——《浮光掠影》）

▲ 宋韵文化里的动人风景（《水图》之一湖光潋滟）

▲ 在艺术载体演变中感受穿越古今的"忆江南"（冬日里杭州西湖的集贤亭）

▲ 宋风雅韵：西湖深处的文化探秘（文史专家在杭州风波亭前给游客讲解）

▲ 博物馆：让文旅融合爱得更深，走得更远（浙江旅游博物馆的入口）

▲ 让中国传统文化在博物馆延续（山西博物院外景）

▲ 世界旅游博览馆——让我们先睹为快吧（世界旅游博览馆内来自德国汉堡之旅的捐赠品）

◁ 诗画为媒,山水入梦——两百年前的中韩"愿游"佳话(黄山云海)

▽ 行走的美味 [袁枚于乾隆五十七年(1792年)正式出版《随园食单》]

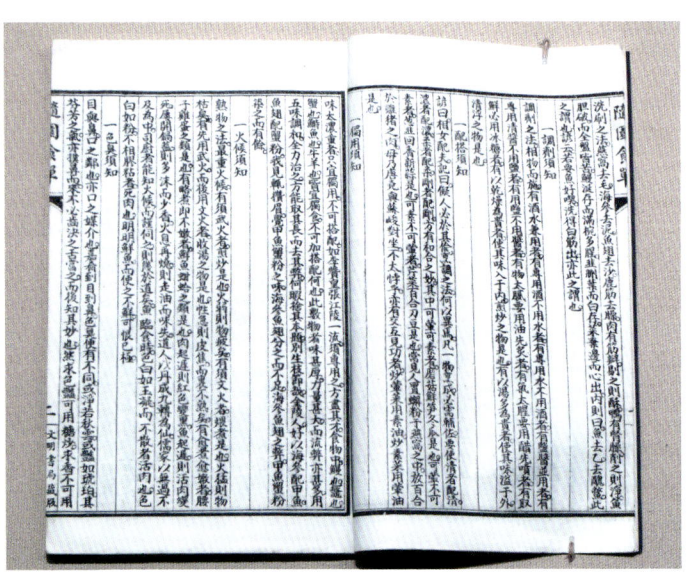

▲ 杭州,一个适合作"秀"的旅游目的地城市(杭州西湖《印象西湖·最忆是杭州》实景演出)

◁ 循古诗雅韵，踏山川绮程（作者为台湾旅行团游客讲解杭州故事）

▷ 茶香浸润的杭州，将文旅融合的千年故事娓娓道来（杭州龙坞茶镇茶农采摘明前茶）

▲ "景"上添花,让酒店打开"文化之窗"
（浙江嘉兴海宁浙大圆正国际酒店大堂）

▲ 文化的创新演绎让酒店业行稳致远
（杭州金溪山庄"水上迎亲"婚礼服务）

▲ 酒店产品中展示文化创意的IP：草坪婚礼（杭州千禧度假酒店"九禧拾美"森系草坪婚礼）

▲ "露营+"产品助力乡村旅游振兴(杭州海外旅游公司举办的"秋日趣游会")

▲ 浙西文旅康养特色小镇融合发展的标杆(杭州市淳安县临岐镇"农家暖锅"宣传招牌)

◀ 兰迪德诺乡村之旅：生态与历史的诗意交响（作者在"世界十大最美小镇""此生必去的三十六个地方""欧洲八大最美乡村"等——英国科茨沃尔德地区的拜伯里村留影）

◢ "家的感觉"——民宿主人的初心（杭州市淳安县"老田庄"民宿客厅）

▲ 日本是如何观光立国的（日本新潟县举办名为"大地艺术节"的现代艺术展示活动）

◀ 花艺与民宿的完美融合（民宿里的花艺展示）

⋏ 湖光春色品悠然小筑（杭州千岛湖民宿"鱼儿的家"夜景）

⋐ 乡村旅游创意：农文旅融合的"最后一公里"（云南腾冲大地茶海景区游客在教练的带领下练习瑜伽）

▲ 文化苦旅——行摄"徽杭古道"(徽杭古道上的行走者)

▲ 当东方遇见西方:出入境旅游中的文化共存
 [1995年,作者(左一)陪同客户在黄山考察]

▲ 入境游导游服务新要素——网络平台的口碑体验(杭州亚运会期间,国际导游在杭州胡庆余堂入口处给游客讲解)

▲ 越剧研学在嵊州（浙江省嵊州市越剧小镇剧场）

▲ 赴古徽州研学旅行（古徽州非遗文化研学课程的部分学生在安徽黟县西递合影）

◁ 研学旅行与综合实践活动课程的完美融合——"东方剑桥"的研学之行（浙江大学实验员带领学生们参观浙大生物学国家级实验教学示范中心）

▲ 研学基地——培养科学素养与精神的摇篮［学生在研学营地开展营地教育（游戏）］

▲ 赏花品蟹苏北行（浙江品质旅游组团联盟游览江苏省盐城市 AAAA 级景区：荷兰花海）

▲ 江南人的"苏面坊"（杭州"苏面坊"餐厅内墙上装饰照片）

▲ 走在美食的新丝路上(剪纸:中国与意大利建交50周年)

▲ 乌镇:诗意生活中诞生的康养胜地(灯火阑珊的乌镇西栅)

▲ 和合文化：文旅融合中天人合一的观念（浙江天台国清寺）

◀ 新光村廿九间里——旅游、创业、产业的完美融合（作者带领学生调研浙江省浦江县新光村廿九间里）

▲ 里商：充分挖掘乡土特色，建设乡村研学基地（杭州市淳安县里商乡明朝三元宰相商辂的雕塑像）

▲ 一路阳光，乘着歌声的翅膀去旅行［作者（中间）与浙江旅游职业学院校歌的作词人、作曲人合影］

▲ 在七碗茶社感受茶艺之美（浙江工商大学杭州商学院的茶艺实训室）

▲ 校园金钥匙——旅游人才的"孵化器"（浙江旅游职业学院千岛湖校区两位"校园金钥匙"站在教学大楼门前，体验酒店礼宾司岗位）

令人惊喜的酒店伴手礼（杭州千岛湖梅地亚君澜酒店大堂摆放的茶、咖啡等供住店客人享用）

2019文旅融合元年的重新发现上海之旅（上海夜景——东方明珠电视塔）

秦淮灯会：彰显文旅融合新生态（南京"秦淮灯会"一角）

▲ 当中国少儿合唱在维也纳金色大厅响起时……（中国杭州CAC少儿合唱团入维也纳金色大厅时，青年指挥家和钢琴家在大厅前合影）

▲ 文旅教育：让对外汉语教学成为传播中华文化的载体（透过充满形象性和趣味性的汉字，留学生感受到了中华文化的魅力）

▲ 借文旅融合的契机,让中华文化传播至世界各地(学生华锦参加浙江省第八届大学生中华经典诵读竞赛荣获一等奖)

▲ 线上线下的课程加深了师生间的文化交流——一位俄语专业学生的自述(俄语专业学生通过教师在"云课堂"展示的俄罗斯美食图片了解当地文化)

从西湖水岸到珍珠之乡（诸暨是著名的"西施故里"，也是浙江农林大学暨阳学院所在地。此图为诸暨航拍）

心中有爱，路一定在前方["研学旅行管理与服务系列教材"之《研学旅行指导师实务》（第3版）]

让高中与大学的课程衔接成为文旅融合的一道亮丽风景[浙江大学附属中学正门口的石碑（苏步青题写）]

"诗与远方"
文旅融合与高质量发展典型案例精选

徐辉 徐哲斓 著

SHI YU YUANFANG
WENLÜRONGHE YU GAOZHILIANG FAZHAN
DIANXING ANLI JINGXUAN

旅游教育出版社

序

  徐辉老师在旅游业和旅游教育领域工作长达40余年,既有合资高星级酒店和涉外旅行社工作的经历,又是一位具有丰富实践经验的教师。2011年从旅游企业调到浙江旅游职业学院工作后,他对旅游教育充满热情与激情,很快适应了教师工作岗位。他从事旅游教育工作10余年,并积极开展旅游学科研究。他从一位旅游教育工作者的角度对文旅融合发展提出了自己的见解与思考,以文旅融合案例及评析的方式记录下自身的感悟与体会。

  略读全书,深为感动,作者用5年时间撰写了55篇文化与旅游融合的案例文章及评析,分别从旅游邂逅文化、多场景的文旅融合、文旅的内涵和外延及文旅跨界人才培养4个方面展开,涵盖了世界遗产、宋韵文化、汉字文化、微旅游、旅游演艺、唐诗之路、旅游汉语、美食交流、旅居养老、研学等文旅新亮点,涉及乡村旅游、红色旅游、研学旅行、康养旅游、体育旅游、影视旅游、酒店与民宿等旅游新业态。以"案例"为主体,以"评析"为衍生,从中拓展出文化与旅游相关的新概念。

  做一名文旅融合的思考者。作者在开篇中开门见山地提出了文旅融合的意义、现状与未来,总结了文旅融合的主要表现形式,从旅游教育者的视角凝练出对文旅融合的认识与思考。作者希望通过挖掘文化与旅游资源,促进两者的深度

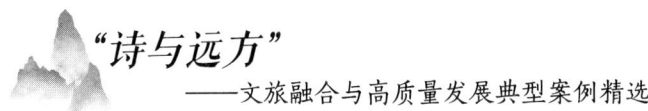

融合，创造出既具有深厚文化底蕴，又符合现代旅游需求的新产品、新业态。

做一名文旅融合的实践者。本书主体由55个案例组成，涉及文化和旅游的众多产业。不难看出，这些来自实践的案例都是作者亲身经历的，或者是到旅游企业调研而获得的。徐辉老师努力成为文旅融合的实践者，自觉探索文旅融合的路径与未来。作为一名文旅融合的实践者，他以良好的创新思维、敏锐的市场洞察力和扎实的研究功底，勇于尝试和创新，为推动文化和旅游的深度融合贡献了自己的力量。

做一名文旅融合的教育者。作者始终把"教书育人"的理念放在首要地位，在本书的最后一章以"文旅融合背景下，文旅跨界型人才的培养"为标题，指出要在旅游教育领域发挥文旅融合的积极作用。文旅融合需要传授与传承，作者试图激发学生对文化旅游的兴趣，培养学生成为具有文旅意识、跨文化交流能力和社会责任感的未来文旅行业杰出人才。

"诗与远方"通常被诠释为文旅融合的美好愿景，但这个概念过于简单、笼统和抽象，本书从多视角、多场景、多维度、多层面去思考文旅融合的若干问题，以一个个生动形象的案例讲述文旅融合的故事，颇有新意，也通俗易懂，愿读者能有启发和收获。

受徐辉老师之托，写就小文，是为序。

浙江旅游职业学院二级教授
世界旅游联盟研究院首席研究员
教育部全国旅游职业教育教学指导委员会副主任委员
2024年秋于杭州·湘湖畔

前 言

2018年，党中央从党和国家事业全局出发，作出组建文化和旅游部的重大决策，这对于推进文化和旅游领域治理体系和治理能力现代化，推动文化事业、文化产业和旅游产业融合发展，满足人民日益增长的美好生活需要，具有重要的现实意义与深远的历史影响，自此，"诗与远方结合到了一起"。

近年来，文化和旅游部认真贯彻党中央重要部署要求，坚持以文塑旅、以旅彰文，准确把握文化建设、旅游发展和文旅融合的规律特点，建立健全融合发展的体制机制，推动文化和旅游在更广范围、更深层次、更高水平上融合发展，让融合发展成为推动文化和旅游工作的新动能、新优势。

文旅融合的本质是文化和旅游通过产品融合、业态生成、要素集聚，在共同市场中实现价值耦合。文旅融合是指文化产业、文化事业与旅游业的融合，深度融合则侧重融合发展渐进深化的过程及其表现。

文旅融合高质量发展，从目标看，新时代文旅高质量融合发展的目标是适应消费需求扩容升级的需要，更好地满足人民群众对美好生活的向往。从内涵看，文旅融合高质量发展强调在文旅融合发展形成新业态过程中，通过文化与旅游业相互渗透、迭代与融合发展促进新业态结构、效率与品质持续提升；文旅高质量发展离不开以文化为引领、以旅游为形态，从而聚焦人口规模、实现共同富裕、协调发展问题、促进人与自然和谐共生、注重人类共进等意涵。从发展路径看，需要通过创造性转化、创新性发展、社会化推动、全民参与、政府规划引导来实现"以文塑旅、以旅彰文"。

文化和旅游部会同相关部门，支持特色产业发展，传承和弘扬茶、中医药、美食等特色文化，开发适合大众康养、休闲、体验的文化和旅游产品，促进文化产业和旅游产业的产业链深度融合，以及产业链与创新链的双向融合；推动旅游演艺、主题公园、红色旅游、文化节庆、节事会展、主题酒店（民宿）等现有融合业态转型升级、提质增效，着力培育融合发展的新型文化和旅游业态。基于此，本书从以下3个方面展开论述。

其一，笔者通过5年时间的积累与总结，撰写了大量文旅融合案例文章及评析，从中精选了55篇集结成书。全书包含开篇及4个篇章，分别从旅游邂逅文化、多场景下的文旅融合、文旅的内涵和外延，以及文旅跨界型文才培养4个方面展开，涵盖了世界文化遗产、宋韵文化、博物馆、汉字文化圈、微旅游目的地、旅游演艺、唐诗之路、对外汉语、文旅校歌、中西烹饪、旅居养老、研学基地、校园金钥匙等文旅新亮点，涉及乡村旅游、红色旅游、研学旅行、康养旅游、体育旅游、影视旅游、出入境旅游、特色小镇游、主题酒店（民宿）、露营与毅行等新型旅游业态。本书以文旅融合案例为主体，以案例点评为落脚点，从中拓展出与文旅相关的各种旅游新概念，深入挖掘文旅融合高质量发展路径。全书各篇目通过案例有机结合起来，最终融为一体。读者通过阅读此书，能够充分了解文化与旅游行业发展的新态势。

其二，笔者拥有40余年旅游行业及旅游教育的从业经验，就职单位包括中外合资高星级酒店、头部五星国际旅行社、旅游院校，笔者还曾行走80多个国家和地区，能够根据文化与旅游融合发展的动态，将全球各地的多元文化呈现给读者，从而起到跨学科、跨文化交流的作用。本书能让旅游者了解"诗与远方终于结合在了一起"变革的发展势头，同时，还能将复杂而又令人费解的市场营销

前 言

学、旅游经济学、服务管理学融会贯通到具体的案例细节中。达到这种"将复杂的理论问题简单化"的境界需要对理论研究和实践经验有深入的理解和丰富的体验,通过文化与旅游的双重视角来研究中国当代旅游的转变与发展,把文化与旅游作为交叉学科来进行理性探讨。值得一提的是,本书所精选的案例多数是笔者的亲身经历,或是通过调研旅游公司、研学公司、景区景点、民宿酒店和博物馆等单位从业人员经历而获得。因此,书中案例题材广泛,内容丰富且真实。

其三,本书用案例的形式描述文旅融合高质量发展现状,填补了该领域的研究空白。一方面,产业融合是产业经济发展到特定阶段的必然产物,而文旅融合则是产业融合的重要形式,阅读本书,读者、文旅从业人员可以了解最新文旅融合的业态发展。另一方面,文旅从业人员、高校旅游专业的学生也可以从书中了解"以文塑旅、以旅彰文"的重要性。

在本书的撰写过程中,著名文艺评论家、浙江旅游职业学院二级教授叶志良,浙江工业大学之江学院旅游学院院长潘海颖博士,浙江旅游职业学院科研处处长、《文化艺术研究》常务副主编朱倩倩教授,浙江外国语学院文化和旅游学院副教授、浙江城市国际化研究院副院长乔桂强都提出了宝贵的意见。浙江旅游职业学院胡鸣、康保苓、李成军教授,何立萍、李正红副教授,郭一副研究员,马瑞博士,袁佩芬、金晓颖、张建华、杨扬、林昕玥、江雯捷、卢璐璐教师,浙江工商大学杭州商学院余艳玲副教授,中国音乐家协会会员陈轶群副教授,中国青年指挥家、杭州 CAC 合唱艺术中心创始人张维巧先生,浙江省旅行社协会张玲龙会长,原浙江旅游博物馆馆长章垠先生,浙江省旅游协会旅游教育分会副会长钱钧先生,浙江海峡国际旅行社有限公司总经理陈粤军先生,杭州海外旅游有限公司总经理章波先生、副总经理金岚女士,杭州寻城记文化发展有限公司谢喜先生,杭州市中国旅行社集团有限公司总经理金志强先生、质检负责人陈雪峰女士,杭州香旅教育咨询有限公司总经理苏华女士,杭州华顺旅行社有限公司创始人兼总经理阮列华先生,杭州金榜旅行社有限公司总经理张雷先生,杭州亚朵国际旅行社有限公司总经理戎元女士，木塔教育科技（杭州）有限公司总经理、"木塔与天空"品牌创始人虞佳乐先生，杭州建德市光大国际旅行社有限公司副总经理王子亭先生，淳安千岛湖老田庄民宿主理人胡田力先生，杭州千禧度假酒店总经理熊宜葳女士，浙大圆正国际酒店总经理汪造新先生，杭州金溪山庄副总经理朱晓珺女士，浙江嵊州芦鸟文化有限公司总经理商毅斌先生，安徽黄山《行书房》公众号工作室（创办人）陈忠平先生，"微笑兰卡"品牌创始人俞志强先生，二级笔译朱霄波先生，国家高级导游员杜晨先生、张杰先生在繁忙的工作之余，也为本书提供了部分宝贵素材，在此表示衷心感谢。笔者的学生王洁、岑双双、华锦、魏班祺、郭仕滔、周雨馨、王正妍、崔雪莹、潘哲艺，以及中国美术学院中国画学院艺术学硕士研究生徐哲斓，中国美术学院电影学院戏剧与影视学硕士研究生袁汤琪也为本书提供了部分素材，并为本书的撰写提供了思路，为实证研究奠定了基础，在此一并致谢。

此外，浙报集团《江南游报》江如文总编辑和贾露编辑也给予笔者极大支持，从2019年开始，他们在报纸显著的版面连续刊登笔者主持的"文旅观察·专家评"专栏的案例背景及实证研究评析，使高校、企业与媒体的互动形成良性循环。浙江省旅游协会文旅摄影分会秘书处为本书的插图提供部分照片，也一并表示感谢。最后，感谢旅游教育出版社编辑黄明秋为整个出版过程提供了技术性的指导。正是借助众多亲朋好友的鼎力相助，本书才得以顺利问世，感谢大家，生命因为有你们而显得格外精彩。

本书研究过程艰辛而漫长。新时代对旅游提出新目标与新要求，国家出台的一系列旅游、文化和教育政策，需在文旅融合的旅游业中体现；文旅融合的跨界性，要求作者具备社会学、艺术学、民俗学、人类学、经济学、管理学等多学科知识，从知识整合高度梳理文旅融合全貌；在重构文化架构和旅游业态重大转型背景下开展文旅融合研究，需体现文化和旅游双轮驱动。本书内容广泛，专业性强，涉及面广，而笔者学识水平有限，难免存在不足之处，恳请各界读者匡正赐教，以期通过修订不断完善和提升。

期望本书能对旅游类高等院校旅游管理/酒店（民宿）管理类专业的学生和文旅企业从业者的学习、工作起到积极的作用，为高校旅游专业教师的案例教学提供良好的素材，同时还能为各级政府振兴乡村、开拓乡村旅游提供多渠道创新思路。

2024年12月冬于杭州·西湖畔

目 录

开篇　文化与旅游融合的时代开启 / 001

　　一、文旅融合的意义　　　　　　　　　　　　　　　　　/ 004

　　二、文旅融合的表现形式　　　　　　　　　　　　　　　/ 008

　　三、文旅融合的现状与未来　　　　　　　　　　　　　　/ 013

第一章　当旅游邂逅文化，让旅游走入 4.0 版本 / 019

　　一、当元宇宙遇上旅游业　　　　　　　　　　　　　　　/ 022

　　二、在杭州·见未来　　　　　　　　　　　　　　　　　/ 024

　　三、向世界讲述杭州西湖的 33 个月亮　　　　　　　　　 / 027

　　四、你知道杭州灵隐寺里的"卍"字符吗　　　　　　　　/ 029

　　五、穿越时空的对话——苏先生的西湖　　　　　　　　　/ 032

　　六、万物伙伴，文旅相伴　　　　　　　　　　　　　　　/ 033

　　七、宋韵文化里的动人风景　　　　　　　　　　　　　　/ 036

　　八、在艺术载体演变中感受穿越古今的"忆江南"　　　　 / 038

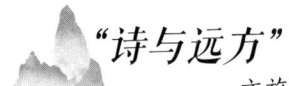

九、宋风雅韵：西湖深处的文化探秘	/ 041
十、博物馆：让文旅融合爱得更深，走得更远	/ 043
十一、让中国传统文化在博物馆延续	/ 046
十二、世界旅游博览馆——让我们先睹为快吧	/ 048
十三、诗画为媒，山水入梦——两百年前的中韩"愿游"佳话	/ 050
十四、行走的美味——《随园食单》在韩国	/ 053

第二章　多旅游场景下的文旅融合，让旅游业态更多元化　　/ 057

一、杭州，一个适合作"秀"的旅游目的地城市	/ 060
二、循古诗雅韵，踏山川绮程	/ 062
三、茶香浸润的杭州，将文旅融合的千年故事娓娓道来	/ 064
四、"景"上添花，让酒店打开"文化之窗"	/ 067
五、文化的创新演绎让酒店业行稳致远	/ 069
六、酒店产品中展示文化创意的 IP：草坪婚礼	/ 071
七、"露营+"产品助力乡村旅游振兴	/ 073
八、浙西文旅康养特色小镇融合发展的标杆	/ 076
九、兰迪德诺乡村之旅：生态与历史的诗意交响	/ 079
十、"家的感觉"——民宿主人的初心	/ 081
十一、日本是如何观光立国的	/ 084
十二、花艺与民宿的完美融合	/ 086
十三、湖光春色品悠然小筑	/ 088
十四、乡村旅游创意：农文旅融合的"最后一公里"	/ 090

第三章　文旅融合下的旅游平台，丰富了文旅的内涵和外延　　/ 095

  一、文化苦旅——行摄"徽杭古道"　　/ 098

  二、当东方遇见西方：出入境旅游中的文化共存　　/ 100

  三、入境游导游服务新要素——网络平台的口碑体验　　/ 102

  四、越剧研学在嵊州　　/ 104

  五、赴古徽州研学旅行　　/ 106

  六、研学旅行与综合实践活动课程的完美融合——"东方剑桥"
    的研学之行　　/ 109

  七、研学基地——培养科学素养与精神的摇篮　　/ 111

  八、赏花品蟹苏北行　　/ 114

  九、江南人的"苏面坊"　　/ 116

  十、走在美食的新丝路上　　/ 118

  十一、乌镇：诗意生活中诞生的康养胜地　　/ 120

  十二、和合文化：文旅融合中天人合一的观念　　/ 123

  十三、新光村廿九间里——旅游、创业、产业的完美融合　　/ 125

  十四、里商：充分挖掘乡土特色，建设乡村研学基地　　/ 127

第四章　文旅融合背景下，文旅跨界型人才的培养　　/ 131

  一、一路阳光，乘着歌声的翅膀去旅行　　/ 134

  二、在七碗茶社感受茶艺之美　　/ 136

  三、校园金钥匙——旅游人才的"孵化器"　　/ 138

  四、令人惊喜的酒店伴手礼　　/ 140

  五、2019文旅融合元年的重新发现上海之旅　　/ 142

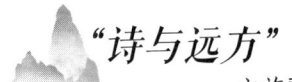

六、秦淮灯会：彰显文旅融合新生态　　　　　　　　　　/ 144

七、当中国少儿合唱在维也纳金色大厅响起时……　　　/ 147

八、文旅教育：让对外汉语教学成为传播中华文化的载体　/ 149

九、借文旅融合的契机，让中华文化传播至世界各地　　　/ 151

十、线上线下的课程加深了师生间的文化交流——一位俄语专业学生
　　的自述　　　　　　　　　　　　　　　　　　　　　/ 154

十一、从西湖水岸到珍珠之乡　　　　　　　　　　　　　/ 156

十二、心中有爱，路一定在前方　　　　　　　　　　　　/ 158

十三、让高中与大学的课程衔接成为文旅融合的一道亮丽风景　/ 161

参考文献　　　　　　　　　　　　　　　　　　　　　　/ 164

开篇
文化与旅游融合的时代开启

开篇
文化与旅游融合的时代开启

2018年3月17日，一则消息其持续攀升的阅读量及点赞数吸引了大众的目光，在微信朋友圈不断刷屏，那就是十三届全国人大一次会议表决通过了关于国务院机构改革方案，其中，批准文化部、国家旅游局合并为文化和旅游部。此次被称为"诗与远方相结合"的变革看似突然，实则早已是大势所趋。从国家到地方各个层级，每一轮挂牌都会掀起一波声浪，整个社会都显得那么文艺，那么有浪漫遥远的情思：文化和旅游融合击中了大众心中最柔软的地方。社会需要美，生活需要美，需要通过文化和旅游工作者，去发现、丰富、创造生活之美。"诗与远方走到了一起"，就是美与美走到了一起，是美的使者与美的使者的相会。坊间流传的这句话，实际上就是文旅从业者对文化和旅游融合工作的定位：做文旅就是做审美，无论是事业、企业、社团、机关、研究机构，还是单位、个体，都要承担起发现美、创造美、传播美的任务。文化和旅游本来就不分家，"文化是旅游的灵魂，旅游是文化的载体，只有魂体融合，才能相得益彰"已是文化和旅游业界普遍的共识。

读万卷书，行万里路。书即是路，路就是书。小文在身边，大文在远方旷野。文化与旅游，相互影响，相互依存，既是一场双向奔赴，也是一场双向自立。在文中体验人文精神，在旅时感受自然生态之美。文化的根在于山河大地，旅游的乐也不应只停留于表面欢愉，去感受和探索旅游目的地背后的人文历史，会让旅途更加曼妙。

你知道什么时候有了"文化体验"这个词的吗？国外的研究最早起源于16世纪，文化体验被当作旅游的一种主要目的，但真正出现"文化旅游"一词并建立起概念体系是在1977年，由美国学者罗伯特·麦金托什等在《旅游学——要素、实践、基本原理》这一著作中首次提出。Pine等认为，"文化+旅游"的产业模式已然诞生，文化创意是黏合文化旅游产业的根本所在；Connell提出要重视旅游产业与文化产业的融合，"影视+文旅"模式将成为趋势和潮流；Altunel等则强调心理动机的重要性，对旅游者文化动机进行调研和分析，并据此给文化

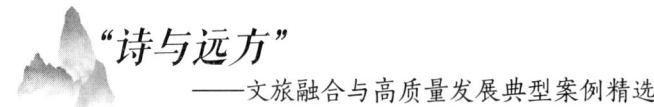

旅游者进行了分类。国内关于文化和旅游的研究也由来已久，早在20世纪80年代，有学者就提出社会文化是重要的旅游资源，文化与旅游相辅相成。此后，文旅融合研究进一步深入推进。

自2020年以来，国内已出版了几十本与文旅融合相关的书籍，主要为一些政策报告，如《上海文化发展报告》《宁夏文化发展报告》等，也有对旅游线路及存在价值考察的书籍，如《茶马古道文化遗产线路》，又或是旅游目的地商业开发类书籍，如《乡村旅游目的地营销中的政府行为评价研究》，还有对创意旅游内涵进行剖析的书籍，如《寻趣自得创游：休闲审美与创意旅游》。

今天的文化和旅游融合，是中国历史上文旅合体这一传统的延续。千百年来，一代代文化人在"读万卷书，行万里路"的理念下"且读且行"，以他们的作品和游踪引导着后人，也在审美心理和审美方式上训练着后学。当今中国的文旅产业经营者和消费者，经常是默念着文学史上文旅一体的诗句进入行业的，这些诗句是他们最重要的创业导师和消费导游。

文旅融合者，文中有旅，旅中有文，文旅一体。古代的祖冲之、李时珍、张衡都是科学家，但是他们最终都成了旅行家。苏东坡从一位官员变成了旅游文学家，李白也是从官员变成诗人，最后也成了旅行家。中国的成语"读万卷书，行万里路"就是文旅融合的一个典范。让我们一起感受永远在路上，风光在远方的韵味吧！

一、文旅融合的意义

1. 高质量旅游发展的重要途径

推动旅游业发展的核心资源主要可分为两大类。

第一类是自然资源，以天然形成的山川河流和优美景致为主，如雄伟的山脉、清澈的湖泊和独特的自然景观。第二类是人文资源，涵盖了中华文明数千年积淀的文化遗产、历史遗迹、传统习俗及各民族独特的生活方式与风俗习惯。发展旅游业的一个重要方面是重视文化内涵的深度挖掘。因此，文化资源被视为旅游业的灵魂和核心。即便是自然资源，也往往蕴含着深厚的人文底蕴，隐藏着丰富的文化烙印。俗话说"物华天宝，人杰地灵"，旅游资源的吸引力在于其能否与游客产生情感共鸣，越是贴近人性、富有文化温度，就越能吸引人们的关注与向往。

随着经济社会的发展和人民生活水平的提高，中国的旅游业已经进入了大众旅游的新时代。单纯以观光为主的1.0版本的旅游已经不能满足游客"求新、求异、求知、享乐"的愿望。目前，中国旅游的发展已经进入了以文化旅游为主体的4.0版本。因此，要以优秀的人力资源为重点，以文化提升旅游品位，将历史文化和现代文明融入旅游经济发展中，大力弘扬优秀的民族文化和民族精神，精心打造更多体现文化内涵和人文精神的优秀旅游产品，使自然景观更加迷人，文化体验充满魅力。

2. 中国文化发展与对外传播的创新路径

旅游业的发展与精神文明建设紧密相连。发展旅游经济在有助于弘扬中华优秀传统文化的同时，还能增强中华民族的凝聚力。

旅游本质上是一种精神文化活动，是人们认识世界、感受生活的重要方式。它具有参与度高、覆盖面广、体验性强的特点。《荀子·劝学》有云："不登高山，不知天之高也；不临深溪，不知地之厚也。"中华民族自古崇尚在旅行中"读万卷书"。苏轼在游历庐山时，写下了著名的《题西林壁》，不仅描绘了庐山的壮丽景色，也表达了诗人对人生与自然的感悟；谢灵运是南北朝时期著名的山水诗人，他游历永嘉、会稽等地，创作了大量山水诗。例如，《登池上楼》中的"池塘生春草，园柳变鸣禽"描绘了初春的生机盎然，成为千古名句。在现代诗

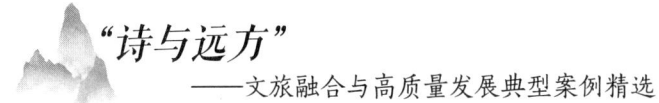

人林萧的诗集《红尘之外》中，许多诗作都是作者在游历自然景观时创作的，如《等一只蝴蝶》和《秋末，来自乡下的草》，他通过细腻的语言表达了对自然与生活的深刻感悟。

人们在旅游中开阔眼界、洗涤心灵，也通过旅途中的所见所闻、所思所悟，创作了大量脍炙人口、流芳百世的文学作品，在旅行中创造文化，发扬文化，让中华文化之美与自然之美在这些作品中交相辉映。

同时，文旅融合为文化交流提供了新动力。旅游也是不同国家文化交流、相互学习的重要渠道，是传播文明、增进友谊的桥梁。故宫通过举办国际文化展览、推出多语种导览等方式，向海外游客展示中华文化的魅力。同时，故宫还与凡尔赛宫等国际知名博物馆合作，共同推动文化交流活动，进一步提升了中华文化的国际影响力。又如，人们对古代丝绸之路的认知也实现了从一条商贸通道，到一条文化交流之路的转变。

如今的"一带一路"借用了古代丝绸之路的历史符号，高举和平发展的旗帜，开辟了各国交往的新路径，搭建起国际合作的新框架，汇集着人类共同发展的最大公约数，发出共同构建政治互信、经济融合、文化包容的利益共同体、命运共同体和责任共同体的倡议。可以说，从古至今，每一位旅行者都是文化使者，每一次旅行活动都在促进文化的交流与融合。

旅游不仅是经济活动的载体，更是文化交流的重要桥梁。通过旅游，不同国家的人民能够直接接触彼此的文化，增进理解与尊重，从而推动全球文明的交流与互鉴。这种文化交流形式在全球化背景下显得尤为重要，为构建人类命运共同体提供了有力支持。因此，我们应充分发挥旅游业在传播中国文化、培育社会主义核心价值观方面的独特优势，使其成为展示中华灿烂文明和现代化建设成就的重要窗口，成为传播科学知识和先进文化的重要阵地，成为增进民心相通、展现中国形象的重要平台。

3. 满足人民对美好生活的向往

健康多元的文化生活是衡量生活质量的重要标准，而旅游业则是反映人民生活水平的关键指标，同时也是提升生活品质的重要产业。党的十九大报告指出，满足人民过上美好生活的新期待，必须提供丰富的精神食粮。在实现人民对美好生活的向往和提升幸福感的目标上，文化建设与旅游发展具有高度的一致性。文化产业和旅游产业作为生活服务业的核心组成部分，具有典型的综合性和关联性，二者之间的融合度正在不断提升。

根据联合国教科文组织和世界旅游组织的统计数据，全球近 40% 的旅游活动与文化密切相关。国内研究机构的数据显示，2019 年国庆黄金周期间，国内游客总量约 8 亿人次，其中 66.4% 的游客选择了文化旅游景点，这充分表明文化与旅游产业的融合发展具有广阔前景。2024 年中国旅游研究院的报告显示，人们开始更关注科技应用、文化创造、艺术创作等的新质生产力，彰显引领性、成长性和价值感的先锋企业开始崛起，如景德镇陶文旅的世界手艺、阿那亚控股的文艺生活、成都文旅的生活美学、亚朵酒店的传统待客之道、马迭尔文旅的冰雪旅游、杭州象外文旅的村落美学、云南康藤的生态旅游等。在人工智能、先进制造和产业转型的加持下，一些文化与科技融合的旅游新赛道正在形成，一批新的旅游文化产业正在孕育。随着更多社会存量资源的激活，众多小而精、小而美、小而暖的文化新空间和旅游新场景得以创造出来，旅游业显示出了前所未有的创新活力和发展潜力。

基于这些数据，我们应立足于文化和旅游发展的内在需求，顺应融合趋势，找准切入点，发掘共同点，推动文化与旅游的相互支撑、优势互补和协同发展，拓展新的增长空间，形成新的竞争优势。通过不断激发文化创造活力、提升旅游发展质量，人们在享受优质文化和旅游服务的同时，也推动了精神文化的繁荣与进步。

二、文旅融合的表现形式

文旅融合是指文化与旅游产业的深度结合,通过将文化资源与旅游活动有机结合,创造出更具吸引力和价值的旅游体验。

文化是旅游的灵魂,旅游是文化展现的最佳载体。但这显然是偏重从文化视角来认识两者的关系。如今,当我们探讨"文旅融合"时,应当从文化与旅游的双重视角出发,实现两者的有机结合。"文旅融合"的本质在于,既要挖掘文化中的旅游价值,也要凸显旅游中的文化属性,从而推动两者的内在统一。

1. 历史与文化旅游模式

分为五大类。第一,历史文化景区。如故宫、长城、兵马俑等,作为最为普遍的文旅融合方式,通过展示历史遗迹和文化故事,吸引游客深入了解中华文明。第二,民俗文化景区。如丽江古城、平遥古城等,通过展示地方特色民俗、传统手工艺和节庆活动,让游客体验地方文化魅力。第三,红色主题旅游。以革命历史遗迹和爱国主义教育基地为核心,如井冈山、遵义、延安等,弘扬革命精神。第四,非遗主题旅游。以非物质文化遗产为主题,如昆曲、剪纸、皮影戏等,通过展示和体验活动传播传统文化。第五,文学主题旅游。以文学名著或作家故居为主题,如鲁迅故居、杜甫草堂等,吸引文学爱好者前来参观与学习。

2. 文化演艺与旅游结合模式

分为三大类。第一,实景演出。如《印象·刘三姐》《长恨歌》等,将地方文化与自然景观结合,打造沉浸式体验。第二,剧场演出。如京剧、昆曲、越剧等传统戏曲演出,为游客提供高雅的艺术享受。第三,街头表演。如民俗舞蹈、杂技等,增加旅游目的地的文化氛围。

3. 文创产品与旅游商品模式

分为两大类。第一，文创产品。将文化元素融入旅游纪念品设计，如故宫文创、敦煌文创等，提升商品的文化附加值。第二，地方特产。如茶叶、丝绸、陶瓷、刺绣等，通过文化包装和故事讲述，增强吸引力。

4. 文化节庆与旅游活动模式

分为三大类。第一，传统节庆。如春节、中秋节、端午节等，通过举办特色活动吸引游客参与。第二，文化展览。如书画展、义物展等，丰富游客的文化体验。第三，主题节庆。如樱花节、冰雪节等，结合自然景观与文化元素，打造特色旅游品牌。

5. 数字文旅模式

分为三大类。第一，虚拟旅游。通过VR/AR技术，让游客远程体验文化遗产和自然景观。第二，智慧景区。利用大数据、人工智能等技术，提供个性化导览和文化讲解服务。第三，线上文化体验。如云展览、云演出等，打破时空限制，扩大文化传播范围。

6. 文旅综合体模式

分为三大类。第一，文化小镇。如乌镇、古北水镇等，将文化、旅游、商业、休闲融为一体。第二，博物馆与景区结合。如故宫博物院、上海历史博物馆、陕西历史博物馆等，通过展览和互动活动增强游客体验。第三，主题公园。如迪士尼、环球影城等，将文化IP与娱乐设施结合，吸引全球游客。

7. 研学旅行模式

分为两大类。第一，文化研学。如书法、国画、传统工艺等体验课程，让游客在旅行中学习传统文化。第二，历史研学。如考古体验、历史遗迹考察等，满足游客对历史文化的探索需求。

8. 美食旅游模式

分为两大类。第一，地方美食文化。如川菜、粤菜等，通过美食节、烹饪体验等活动推广地方饮食文化。第二，文化餐饮。如主题餐厅、传统茶艺表演等，将饮食与文化相结合，从而提升游客体验。

9. 国际文旅合作模式

分为两大类。第一，跨国文化旅游带。如丝绸之路旅游带，通过串联沿线国家的文化遗产，促进国际文化交流。第二，文化展览、演出与交流。如故宫与凡尔赛宫的合作展览，推动中外文化对话。

以上9种文旅融合模式在日常实践中并非单独出现，而是相互协调与作用，构建起新型的旅游业态。以下为文旅融合产业的成功案例。

（1）美国迪士尼乐园通过将主题公园、周边商品开发与园内演艺相结合，构建了一个完整的文化产业链，成为全球娱乐产业的标杆。数据显示，2018年全球主题公园游客量排行榜TOP25上，美国佛罗里达州的奥兰多迪士尼魔法王国以2085.9万人次的游客量高居榜首，相比2017年2045万人次的游客量增长2%；排名第二的是位于美国加利福尼亚州的迪士尼乐园，2018年游客数为1866.6万人次，同比增长2%，充分证明了文创与旅游融合的市场潜力。其成功经验主要体现在将奇幻王国、未来世界、冒险乐园等主题公园进行分区，从而增强情感共鸣，这是沉浸式体验的核心。另外，所有周边商品都融入迪士尼经典元素和角色形象，通过精美的设计和包装，强化品牌形象，提升产品附加值，迪士尼乐园每天上演各种精彩的演出，包括音乐剧、舞台剧、花车巡游、烟花表演等，为游客提供丰富的视听盛宴。这类模式多为文旅综合体、文化演艺与文创产品相结合，体现了创意型的文旅融合。

文化创意设计在促进文化与旅游融合、推动新型文化创意产业发展中起着关键性的作用。文创产业作为连接传统旅游与创意旅游的核心纽带，在提升旅游业附加值方面发挥着重要作用。

（2）巴西狂欢节是世界上最大的狂欢节，也是巴西文化的重要象征和文化演艺与旅游完美结合的典范。其成功经验主要是将主题节庆与街头表演相结合，体现在狂欢节的灵魂桑巴舞的演艺，以及创意与艺术结晶的移动艺术品主题花车的街头表演上。此项目吸引了全球游客，带动了相关产业发展，提升了里约热内卢城市形象和巴西的国际知名度和影响力。联合国旅游机构近期公布的数据显示，2023年巴西共接待国际游客约600万人次，较2022年增长62.7%，比联合国世界旅游组织此前预估的水平高出3%。巴西狂欢节的成功在于其独特的文化特色，其他国家和地区在发展文化旅游时，也要注重挖掘自身文化特色，打造独特品牌。

这类模式多为文化节庆与旅游活动，它将文化演艺与旅游相结合，体现了体验型文旅融合的特点，即主要通过开发如节庆活动、演艺和体验类旅游活动，以市场手段吸引游客参与其中并体验非物质文化遗产的魅力。这类融合大幅度提高了游客的参与性，让单一的旅游活动变得更为有趣，让各种文化通过旅游活动这个载体渗透到旅游者的心目当中。其他与其相似的有中国台湾祭妈祖活动、日本清水寺舞龙游行节庆活动、毛里求斯的塞卡舞联欢活动、纳米比亚等国的土风舞联欢活动、美国夏威夷的草裙舞民俗活动、英国爱丁堡艺术节等活动。

（3）吴哥窟是柬埔寨的著名旅游景点，也是世界文化遗产之一，每年吸引大量游客前来参观。其成功经验主要来自历史文化景区与历史研学的结合。柬埔寨

"诗与远方"
——文旅融合与高质量发展典型案例精选

的吴哥窟于1992年被列为世界濒危遗产，又在一系列法律和吴哥国际协调委员会的保护下，于2004年被列入《世界遗产名录》。2019年，柬埔寨吴哥古迹接待了超过220万名国际游客，门票收入达9900余万美元。其成功经验主要体现在柬埔寨政府通过完善旅游设施、提升服务质量、开发特色旅游产品等方式，举办传统节日庆典、宗教仪式、文化表演等活动，传承和弘扬吴哥文化，将吴哥窟打造成世界级的旅游目的地。吴哥窟是世界上重要的考古遗址，吸引了世界各地的专家学者前来进行研学与考察。另外，柬埔寨政府在吴哥窟的保护和利用过程中，注重可持续发展，采取措施减少旅游活动对环境的负面影响，保护吴哥窟的自然生态。柬埔寨吴哥窟通过延续利用和活化改造，在保护文物古迹的前提下，实现了文化传承、经济发展和社会进步的多赢局面，为世界文化遗产的保护和利用提供了宝贵的经验借鉴。

这类模式多为将历史与文化旅游、研学旅行相结合，体现活化型和保护性的文旅融合，主要是指对现有的物质文化遗产进行延续利用与活化改造来发展旅游业。它在保留本土文化的基础上，强调满足现代人的需求，除了将物质文化遗产改造为博物馆延续利用，还会利用餐饮、酒店、民宿等形式进行活化改造。马来西亚马六甲和槟城市内一些具有历史价值的中国寺庙、西式教堂、伊斯兰教清真寺、印度神庙等仍旧发挥着其原有的宗教作用，另外一些历史建筑经过修复翻新，改造成博物馆、酒店和餐厅等，这些都是活化改造的案例。

（4）奥地利布雷根茨音乐节（Bregenzer Festspiele）是欧洲著名的文化和旅游盛事。其成功经验主要来源于实景演出与文化展览、实景演出与交流两者结合，其观众规模从1987年的12.6万人次显著增长至2007年的近20万人次，其成功经验主要体现在独特的舞台设计，歌剧、音乐剧和交响乐等高水平表演，吸引了全球艺术爱好者，提升了布雷根茨及奥地利的文化吸引力。一是与自然景观结合，演出场地博登湖的美丽景色与舞台设计相得益彰，观众在欣赏艺术的同时，也能享受自然风光，旅游体验得以增强。丰富的周边活动，除了主演出，音乐节还举办展览、讲座和工作坊等文化活动，吸引游客在演出前后参与，延长停留时间，促进了当地旅游经济发展。二是开展国际宣传与合作，音乐节通过国际媒体宣传和与全球艺术机构合作，吸引大量国际游客，提升了布雷根茨的国际知名度，成为奥地利重要的文化和旅游品牌。

这类模式多为文化演艺与旅游的结合，强调国际文旅合作，体现了重组型的文旅融合，是指文化与旅游产业通过突破传统产业边界，实现旅游产业与文化产业的深度整合，构建新型产业链。新加坡博物馆节、塞尔维亚世界音乐节、日本动漫主题旅游及韩国影视文化旅游等节事旅游项目，均展现出强大的市场吸引力。

当下"文旅融合"已成为一个热门的标签，凡是与文化和旅游沾边的特色小镇、田园综合体、美丽乡村、全域旅游、会议论坛、风景度假区等都贴上了"文化旅游"的标签。这个现象并非坏事，说明文旅融合已经成为社会共识。

文化和旅游的融合发展，将创造更加舒适、便利的旅游环境。原文化和旅游部部长雒树刚表示，旅游既是大产业，又是大民生，我们要大力发展全域旅游和乡村旅游、研学旅行、休闲旅游、康养旅游等业态，大力改善旅游场所的基础设施，提高旅游场所的接待和服务水平，使我们的旅游环境更加个性化、舒适化、便利化。

文旅融合通过多样化的形式，将文化资源转化为旅游吸引力，既丰富了旅游体验，又促进了文化传播与传承。这种融合不仅提升了旅游产业的文化内涵，也为文化产业的创新发展提供了新动力。

三、文旅融合的现状与未来

习近平总书记指出："文化产业和旅游产业密不可分，要坚持以文塑旅、以旅彰文，推动文化和旅游融合发展，让人们在领略自然之美中感悟文化之美、陶冶心灵之美。"但长期以来，我们的文旅融合工作还有不少欠缺，甚至不同层面仍存在"两张皮"现象。文化和旅游是老百姓心目中的"诗与远方"。数智文旅时代，来一场"说走就走的旅行"已经被列入老百姓日常生活的计划之中，文旅融合的未来是可以预测的美好。

1. 经济繁荣与国家层面支持使文旅融合渐成趋势

产业融合是产业经济发展到特定阶段的必然产物，而文旅融合则是产业融合的重要形式。学界关于文旅融合的定义主要有两种范式：一种从文旅融合的内容出发，注重二者的共生发展，将文旅融合视作旅游业与文化要素等交互作用进而实现共生发展的过程；另一种将文化与旅游的融合视为旅游的一种形式，是对文化旅游中资源开发、产品生产、营销、空间布局和运营管理过程的总称。

前一种定义着眼于文旅融合的过程，注重旅游产业与文化产业的互联互动，后一种定义则着眼于文旅融合的结果，将文化旅游作为旅游业的新业态。从宏观层面而言，文化、旅游有着巨大的融合空间，一方面，旅游本身就具有很强的文化气息，特别是人文景观游，另一方面，文化与旅游的融合能够丰富旅游观瞻，提升旅游的文化层次。从产业层面而言，文旅融合为产业的协同、创新发展提供了路径。旅游经济的繁荣与国家层面的支持，使得当前文旅融合渐成趋势，为乡村振兴战略实施提供了良好的条件。

从中国文化旅游行业细分业态来看，文化旅游行业规模庞大，覆盖众多细分子行业。目前，文化旅游行业中较为主要或热门的业态有旅游演艺、非遗旅游、红色旅游、研学旅行、乡村旅游、Citywalk、主题乐园旅游等。各细分业态在独立彰显文化旅游特色之外，又多与其他细分业态融合运行，如乡村旅游与红色旅游的有机融合、非遗旅游与研学旅行的交叉结合、旅游演艺与主题乐园旅游互融互通等。未来，文化旅游定将衍生出更多的细分业态，丰富文化旅游供给，同时通过融合运行模式，带给游客多层次、多维度、高质量的文化旅游体验。

文旅融合是一个系统工程，需要多方共同参与，推进文旅产业在理念、职能、产业、市场和服务等方面的融合。

2. 科技赋能催生文旅融合的速度

我国旅游业自1978年改革开放至今经历了4个阶段的发展历程，当旅游邂逅文化，旅行走入4.0版本，就是文化旅游。所以，文化和旅游的融合，即人们所说的"诗与远方结合在了一起"是符合中国近代旅游业的发展趋势的。

科技创新与旅游产业发展同频共振，持续促进旅游产品升级迭代。自1994年我国正式接入互联网开始，旅游产业发展即与互联网演化轨迹"绑定"。以PC互联网为主导的Web 1.0时代为旅游产业引入了"旅游电子商务"概念，包括OTA（Online Travel Agency）在内的门户式信息集中网页成为消费者进行搜索、比价的便利场所；以移动互联网为主导的Web 2.0时代将旅游产业目光聚焦于消费者的自我表达，旅游blog、旅游vlog及旅游直播等全新形式极大地丰富了产业的内容构成。

在快速而深刻的数轮革新之后，互联网逐渐成为推进我国旅游产业现代化发展的重要动能。《"十四五"文化和旅游科技创新规划》等文件的发布则进一步明确了文化和旅游产业数字化发展的重要方向。以文旅融合为长期实践导向的旅游产业更应主动探索科技赋能背景下产业的未来走向。

从产业层面来看，旅游产业本身面临着深度践行文旅融合、实现产业转型升级与高质量发展的要求，数字化成为其长期努力方向，加之需求侧对旅游产品及体验愈发"挑剔"，旅游产业亟须在供求两端同时发力以拓展新的市场机会。

因此，承载着新技术集群、新发展理念的Web 3.0成为旅游产业着力构建高维体验的最优选择。一方面，科技赋能下的文旅业将突破传统旅游观，通过数字孪生、扩展现实、数字原生等手段，在虚实交互的空间中释放文化价值，创造出真正的"随时随地"、完全的"沉浸式体验"，实现更深层次的文旅融合。另一

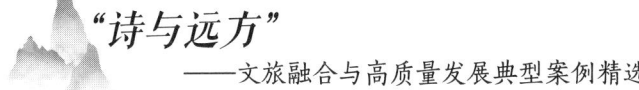

方面,文旅融合将在现实与虚拟两个相异维度的空间中同步实现旅游产业全面数字化、智能化,无论是"由实及虚"的映射,还是"以虚强实"的扩展,文游产业都将进入高级发展阶段。

3. 文旅融合的深入实践将促成新的旅游资源观

文化是旅游的灵魂,旅游彰显文化,文化推动产业。旅游文化产业是当今世界的黄金产业、朝阳产业,蕴藏着巨大的商机与活力。如何以文化提升旅游品位,以文化打造特色旅游,以文化展示旅游魅力,以文化推动旅游产业,这是值得大家思考的核心问题。旅游业若缺少了人文历史文化底蕴,便失去了个性特色和精神内涵。发展旅游要发掘民俗文化,传承优秀传统文化,着力推进民间舞蹈、工艺、器乐、曲艺、盛会、地方戏曲、文物古迹等民俗及非遗文化与休闲旅游度假产品的嫁接,保留民俗文化原汁原味、原生态的发展空间。演艺、影像等传媒文化对旅游业市场发展也会起到非常重要的影响作用。要以自然景观为载体,以人文文化为灵魂,深入挖掘、整理、修复和张扬历史文化,用光影技术,再现历史场面,复活历史瞬间,讲述历史故事,使游客感受到景点的魅力。

多元化的旅游市场需求,改变了"走马观花"式的旅游消费习惯,取而代之的是"下马赏花"式的旅游休闲。以非遗旅游为例,它融合和顺应了旅游市场对旅游产品类型、产品质量和产品展现形式的需要,"非遗演艺+旅游""非遗节庆+旅游"等非遗旅游产业化之后的新业态无疑将更好地满足旅游者文化体验的需求,从而倒逼旅游供给端向体验化、品质化方向发展。非遗与旅游融合形成的旅游产品,不仅具有层次丰富的体验感、内容精致的新颖感,而且创新重构新的文旅产业价值链,并加速促进非遗与旅游业的深度融合,从而形成了新的"文化+旅游"融合的旅游资源观。

在人工智能时代,出于对风险感知和身心自由的追求,旅游者会表现出回避和补偿两种行为倾向。但长期看,作为被压抑的文旅刚需,最终还是会呈现报复性、补偿性的增长，休闲体验、近距离出游、文旅定制、文旅直播将成为文旅新热点。届时文旅融合的模式和路径也将更多地考虑向云文旅（数字文旅、在线文旅、智慧文旅）等方向发展。同时，"文旅＋元宇宙"的兴起，不仅局限于文旅与科技手段的运用，还包括开放式文旅生态和泛文旅产业链。值得关注的是，未来要注重文旅全球化能力的建设，加快形成以国内大循环为主体、国内国际双循环相互促进的新文旅发展格局，为我国加快建设旅游强国奠定坚实的基础。

第一章
当旅游邂逅文化，让旅游走入 4.0 版本

第一章
当旅游邂逅文化，让旅游走入 4.0 版本

近年来，在我国文化、旅游两产业发展和研究实践中，"文化与旅游融合"一直是个高频词。随着大众旅游的兴起及全域旅游的大力推进，人们对旅游品质的需求不断提高，传统的以展示自然资源为主的观光旅游已经远不能满足人们日益增长的旅游需求，因此文化旅游日受青睐。越来越多的人走出家门，去体验不同地方丰富多样的特色文化，去追寻悠久历史所留下的沧桑痕迹。

我国旅游业自 1978 年改革开放至今经历了 4 个阶段的发展历程：1.0 版本的旅行是观光旅游、打卡游；2.0 版本的旅行指的是度假旅行；3.0 版本的旅行主要是体验旅行，通常伴随着一些旅游者可以参与的活动；4.0 版本的旅行就是文化旅游。所以，文化和旅游的融合，即人们所说的"诗与远方结合在一起了"是符合中国近代旅游业的发展趋势的。

文旅融合是我国旅游经济高质量发展、文化软实力提升的必然选择。从旅游业发展实践来看，2018 年全球旅游中，约有 37% 的旅游活动涉及文化因素，文化旅游者以每年 15% 的比例在增长。国内旅游中，老年游客对文化的消费需求进一步释放；"90 后"和"00 后"对人头攒动的传统景区兴趣降低，而对美术馆、博物馆等文化场馆的偏好日益凸显。从文化发展角度来看，尽管我国文化遗产数量位居世界前列，但我国文化产业在世界文化市场上的占比远低于美国、韩国、日本等国家。2016 年，我国文化产业占 GDP 的比重达到 4.14%，尽管与 2010 年的 2.6% 相比有非常大的进步，但是与上述国家相比，还有相当大的差距。在"一带一路"背景下，我国文化走出国门，需要更多的载体和媒介。

本章将围绕文化与旅游的深度融合展开，从 4 个维度进行探讨。首先，以杭州西湖及其周边景观为切入点，深入挖掘其历史景观的文化内涵与外延，从而解读世界文化遗产的独特价值。其次，将景观游览与历史文化相结合，从"忆江南"出发，展现千年宋韵文化的魅力。再次，通过活化博物馆这一载体，借助其平台宣传和推广中华旅游资源，使其成为文化传播的重要窗口。最后，从古代"汉字文化圈"的日本、韩国、越南等国入手，通过旅游这一途径，推动中华文

化在亚洲乃至全球的传播与输出。

一、当元宇宙遇上旅游业

2021年11月，湖南张家界风景区宣布设立元宇宙研究中心，同年11月，西安大唐不夜城景区宣布正在打造全球首个基于唐朝历史文化背景的元宇宙项目《大唐·开元》。据报道，项目将按照1∶1的比例搭建唐长安城建筑。项目建成以后，将复原一个有百万居民的数字化虚拟古代长安城。不论身处何方，游客都可以通过网络进入《大唐·开元》虚拟世界，动动手指就能在完美复原的唐朝街道上游览、购物，享受和现实世界一样的商家折扣，甚至可以邀请异地的朋友一起逛街等。随着科学技术的发展，旅游业应用元宇宙的场景将越来越多。

第一个最有价值的应用场景将是利用元宇宙技术开发常人想去却又难以到达，甚至无法到达的旅游目的地。戴上VR头盔，登录一个虚拟现实空间，随着按钮的启动，你或者你的数字分身开始遨游太空，看着地球越来越小，看着一望无垠的太空……然后，在火星降落。在这颗红色的星球上，你还可以体验火星漫步，体验火星探秘等项目。如果你想去的是几百万年前的远古时期，没有关系，请戴上VR等设备，你会被传送到几万年前的一片原始森林，各种那个时代的生物将从你身边走过。你还可以数字分身的身份进入，和AI控制的原始人沟通……在元宇宙技术的加持下，你可以探索、发现、观察和体验许多正常生活中无法企及的事物，可以去南极、北极、海底进行探险，可以参与古代皇上的上朝议政，体验三星堆、北京猿人的生活场景等。

第二个场景就是"元宇宙旅游"。利用虚拟现实或数字孪生技术，人们可以在元宇宙平台上打造一个逼真的旅游景区或景点，或一项旅游活动。你会发现，你可以数字分身的身份进入元宇宙平台，然后，根据你的需要，通过传送，瞬时进入你喜欢的旅游景区景点。例如，你想去少林寺，那么通过5G、人工智能、云计算、VR等核心技术，在元宇宙平台上会有一座按照1:1比例的虚拟现实少林寺被创设出来。在这里，你可以参观，还可以体验少林寺系列活动，如在场景内观摩武僧练习少林十三拳，查看经书获得偈语等。如果朋友们各自一方，也可以借这个机会相约以数字分身的身份共游少林寺，一起聊天，一起回忆曾经在一起的故事……元宇宙旅游尽管不能完全实现对真实旅游体验的替代，但很多时候，对于工作繁忙无法远行的上班族而言，未尝不是一种有益的选择。相信，在不久的将来，越来越多的旅游景区景点将会搬上元宇宙平台，"不出门就能走遍天下"，这个梦想的实现，也越来越近了。

第三个场景就是旅游购物。目前淘宝、京东甚至抖音等在线购物平台，所展示的物品以照片和视频为主。在元宇宙的加持下，线下的旅游购物街区也可以搬上元宇宙平台。当你在元宇宙平台中游览完景区景点的时候，可以数字分身的身份走进旅游商店，在里面一边逛店，一边试用商品。试用完之后，还可以用虚拟货币购物，并通过快递送达到家，以达到与真实旅游购物接近的体验。

此外，还有其他一些应用场景，如应用于文博的虚拟现实数字展厅、应用现实增强技术的AR导览等。目前来看，尽管旅游企业已经开始应用元宇宙技术，并取得了一些进展，但元宇宙在旅游领域的应用从概念到落地，还有很长的一段路要走。

点评

2021年，元宇宙概念突然爆火，"脸书"正式更名为"meta"，苹果、微软、腾讯、字节跳动等科技巨头都开始布局元宇宙。由此，2021年被普遍认为是元宇宙元年。可以说，不经意间，元宇宙正向我们快步走来。

元宇宙（Metaverse）由尼尔·斯蒂芬森在1992年的小说《雪崩》中作为一个虚构概念引入，指的是一个永久的虚拟世界，可以通过特殊护目镜进入，人们能在其中见面、互动、玩游戏、买卖东西等，是人的"第二人生"。元宇宙就是

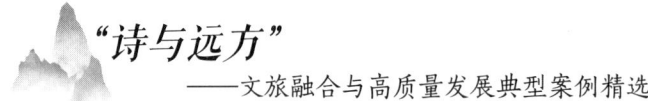

由系列技术堆叠起来,并创造出的一个可以独立于真实世界的新世界。这些技术包括虚拟现实(VR)、现实增强(AR)、人工智能(AI)、云计算、大数据、数字孪生等。元宇宙所创造的这个世界可能是真实世界的另一个平行世界,即"镜像世界",也可能是对真实世界的模仿或想象,即"虚拟世界"等。无论是"镜像世界"还是"虚拟世界",都能给人带来沉浸式体验感。正是基于这种沉浸式的体验,元宇宙才带给人一种前所未有的全新感受。旅游,何尝不是在寻找新的体验呢?在创造新的体验这一点上,元宇宙与旅游相遇了。

随着元宇宙新赛道的持续布局,数字化旅游场景必将在城市居民的休闲生活中起到越来越重要的作用。未来人们需要进一步围绕元宇宙平台的建设和相关配套设备的研发,加大数字旅游内容的多元化与内蕴化,增强数字旅游的沉浸式体验,让"云端旅游场景"不仅仅是流光溢彩的,而且是深入人心的,最终成为推动城市旅游化发展的关键内容。

二、在杭州·见未来

前不久,一位久未联系的北京旅行社的朋友向我咨询杭州房屋短租哪个平台比较好。我问他租房做什么,他说看到网上杭州新出的城市宣传片《在杭州·见未来》,又翻看了杭州以往的城市形象和旅游宣传片,突然就有了强烈的到杭州住一段时间的想法。他既是我的合作伙伴,又是我的好朋友,还是以前旅行社的同行。他是一位毕业于英语语言文学专业的"全国十佳导游",影像里的景和情让他想起了青春时代记忆里的诗画杭州,勾起了他对古今融合的杭州生活的向往,"我想去住几个月,生活在杭州的烟火气里"。

随着我国旅游业的发展和城市化水平的不断提升,城市形象及旅游宣传片应运而生。从最初简单的城市风貌和景观介绍,或配合大型活动推出宣传片,到城市形象叙事短片或纪录片,再到凸显城市形象传播的功能短片,城市形象宣传片正经历着从风光展示到城市名片的蜕变。杭州作为我国极有影响力的旅游城市和新经济发展的样本城市，其城市形象片也在经历这个过程。

城市形象宣传片是利用影视制作的表现手法对城市品牌形象的定位和所触及的城市特色形象有重点、有针对性、有秩序地进行创意设计制作而形成的视频表现形式。

2020年推出的杭州城市形象短片《在杭州·见未来》以"古今融合"为主线，采用分屏形式，通过传统和现实的交汇，书写了一曲山融于水、诗融于岁月、业融于城、古今同窗的杭州故事。短片全长约4分半钟，让我们看到了杭州最美的山水，最有特点的城市地平线，最具发展潜力的新业态，最为雅致的古文化和最具活力的新经济。镜头里的运河两岸，钱塘江边，西子湖畔，"湖上春来似画图、水面初平云脚底"，于每个读着杭州诗文长大的国人而言，"江南忆，最忆是杭州"。宣传片的配乐以杭州传统乐器尺八与现代乐器共同组合而成，曲调悠远却又不乏活力，就如同良渚玉琮和亚运主场馆莲花的同框，让人感叹时光的坚毅和温暖。

当然，网络对《在杭州·见未来》这则宣传片的表现形式颇有争议，指其与东京的奥运城市宣传片表现形式雷同；2018年王力宏主演的杭州城市宣传片《聆听杭州》，主角采集声音的场景很容易让人联想到韩国导演许秦豪的代表作《春逝》中的经典镜头。虽然从传播策略而言，争议可以在一定程度上带动短片的热度，但从宣传和创作角度来说，杭州作为主打创新创意新经济的城市，应尽量避免陷入抄袭疑云。

这个暑假，我的老朋友将要在杭州小住一月，他喜欢走街串巷体验当地生活。我告诉他，杭州与别的旅游城市不同，杭州最美的风景都没有围墙，它们不是景区，是生活。只要到杭州，你会更爱杭州。

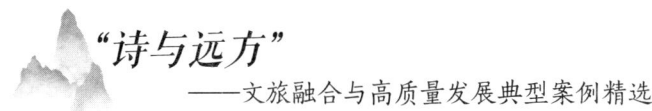
"诗与远方"
——文旅融合与高质量发展典型案例精选

点评

城市宣传片以强烈的视觉冲击力和影像震撼力树城市形象，将一座城市的历史文化和地域文化特色进行概括，这就是宣传片被称作"城市名片"的原因。

我国的城市形象宣传片从20世纪90年代诞生，杭州的城市宣传片也经历了一个发展过程——从最初美景美食美人的简单堆砌，到诉说发展故事、挖掘城市特性，到利用"明星效应"提升宣传广度，再到如今注重提炼城市内涵、打造城市名片，从而更深入地挖掘和构建城市文化。在一系列城市形象宣传片中，杭州从单一的历史文化名城过渡到古今融合极具活力的新一线城市，有效助推了城市形象的再塑造。山融于水，浸透江南韵味；诗融于岁月，凝结世代匠心；业融于城，联动世界脉搏；古今融于杭州，遇见未来之选。这就是杭州城市宣传片《在杭州·见未来》的主题所在。

中国现阶段城市形象宣传片的诉求重点基本集中在人文历史、城市风貌、自然风貌、城市发展及招商引资5个方面，往往很多形象片中会同时存在几个诉求点，且表现不分伯仲，从使用频率来说以人文历史诉求居多，其次是自然风貌，而后则是城市发展和招商引资。

城市之间的竞争日趋激烈，宣传城市品牌、塑造城市形象应成为城市扩大对外影响、增强竞争力的重要途径，成为提高政府的社会满意度和树立良好亲民形象的重要举措。一部优秀的城市宣传片，不单单可以提升一座城市的影响力，更能提升一座城市的整体形象，吸引投资者的眼球，促进当地文旅产业的发展，从而达到城市高速发展的目的。案例中的这位一心想到杭州小住一段，感受"江南忆，最忆是杭州"情境中的"全国十佳导游"，也从侧面印证了拍摄城市形象片对于城市影响力提升的重要作用力。

三、向世界讲述杭州西湖的 33 个月亮

自 2016 年 G20 峰会在杭州召开后，杭州这座"人间天堂"便进入了世界的视野，而 2022 年的亚运会又有很多国家的人蜂拥而至。

我的学生 Jasmine 是一名英文导游。不是杭州人的她，其实对杭州并无太多、太深入的了解。与其他外乡人一样，她只知杭州有个西湖，有座断桥，有座雷峰塔，有院灵隐寺。来到杭州求学之后，她才知杭州西湖的孤山不孤、长桥不长、断桥不断，杭州还有矗立在宝石山上的保俶塔、屹立于吴山上的城隍阁、铺落在高楼间的清河坊、独立于世外的西溪湿地、守护在钱塘江边的六和塔、蒙尘于郊外的千年良渚……

中秋佳节，Jasmine 接待了两位来自美国的印度裔夫妇。恰逢中秋，Jasmine 提前准备了两枚月饼，客人收到后非常喜欢，大笑着说"She is a moon cake lady"，她心下感叹礼物送得恰到好处。客人因此敞开心扉，与她畅谈起来。他们在休斯敦有许多来自中国的好友，其中一位好友强力推荐他们来这座被马可波罗称为"人世间最为美丽华贵的天堂"的杭州。

他们花了一年的时间来研究杭州，对于杭州不可谓不了解。行走在花港中，地上的石砖刻印着六条鲤鱼，鲤鱼在中国古代文化中象征着人们心中对富庶、吉庆的精神信仰、对美好爱情的向往和对未来美好生活的精神慰藉，而石砖上又恰巧有着 6 条鲤鱼，Jasmine 便与客人解释在中国有一个成语叫作"六六大顺"，六是中国人非常喜欢的幸运数字，许多中国人的车牌号及手机号都会选择"6"这个数字，现在的网络用语也用"666"来表明这件事或者这个人很厉害。客人听了后拿出自己的相机对着这块石砖拍了许多张照片，还加上了自己的音频解说。

在带领外国游客坐船游西湖时，她和他们一起远眺雷峰塔，同时适时地讲述

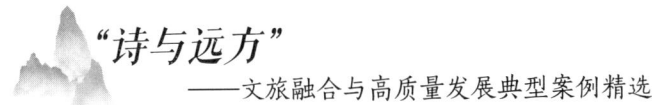

白娘子与许仙的故事，其实大部分外国人并不知道白娘子的故事，有的可能仅仅知道 White Snake Lady，除此以外，一无所知。因此，照应着雷峰塔及断桥讲述许仙与白娘子的故事就十分应景，带给西方人的感受也会十分不同。到了三潭印月时，数月亮的小游戏就开始了。每逢中秋佳节，皓月当空，三潭印月处便会出现 33 个月亮，也有一种说法是 32 个月亮。三座石塔塔腹中空，球面体上排列着 5 个等距离圆洞。若在月明之夜，洞口糊上薄纸，塔中点燃灯光，洞形映入湖面，便会出现许多月亮，月照塔，塔映月，夜景十分迷人，故得名"三潭印月"。前面 32 个月亮其实显而易见，而这最后一轮月亮则是在你我的心中，平添的这丝浪漫，岂不更妙？

"西湖醋鱼何处美，独数杭州楼外楼。"说起有着 175 年历史的楼外楼，游客们脸上流露出向往的神情。中华人民共和国成立前，孙中山先生曾多次到访楼外楼。游客们对中国印象最深刻的两位领导人是孙中山先生和毛主席，因此，以他们为切入点进行介绍更容易引起客人的共鸣。西湖醋鱼的做法则是要将草鱼放在鱼池中饿上 3 天左右，使其将腹中的杂物吐出，去除泥土味，许多外国人都觉得十分残忍，但当他们真正尝到西湖醋鱼的美味时又会改变自己的看法。

对于一名杭州英文导游来说，最高的赞赏莫过于客人由衷的赞叹："I love Hangzhou！"她带领外国游客用双眼欣赏杭州的一座座古迹，讲述这座城市的千年古韵，用双脚走遍杭州的一寸寸土地，感知这座城市的原汁原味，用舌尖品尝杭州的一道道美食，享受这座城市的美味珍馐，用心灵去体会杭州的一处处风光，追寻这座城市的风月情怀。

点评

2011 年 6 月 24 日，杭州西湖申遗成功了。如何向全世界讲述西湖、讲述中国文化、让全世界理解西湖与中国文化，并认可它们对世界文化的贡献，这是摆在新老杭州外文导游面前的一个新课题。对外国人来讲，他们更容易看懂颐和园,它的文化背景相对清晰,即一座气象宏大的中国清代皇家园林。然而要读懂西湖,就必须理解中国文学和哲学。如果不理解中国文化,西湖在西方游人的眼里再优美,也不过是一片生态保护做得很完美的自然湖山,从这一点来说瑞士日内瓦湖、缅甸莱茵湖的湖水可能更清、天空更蓝。所以,我们要告诉世界的就是:西湖的确"不一样"。

三潭印月、南屏晚钟、柳浪闻莺、断桥残雪、曲院风荷、苏堤春晓等"西湖十景"是一幅幅"淡妆浓抹总相宜"的中国山水画,而苏堤、白堤、苏小小墓、西泠印社、岳坟、虎跑寺承载更多的是与西湖无法割裂的人文情怀。

西湖景观,是人文景观与自然景观的并存体。它承载了唐、宋、元、明、清乃至近代和现代社会各阶层的情感寄托和审美享受,是中国历史最久、影响最大的"文化名湖"。要让西方人理解这种浸入东方人骨髓的价值观,那么跨文化的阐述就实在太难了。如断桥残雪,现在这座桥没断裂也没有残雪,理解起来就很困难。案例中的英语导游将杭州西湖花港观鱼中的砖刻鲤鱼、三潭印月的33个月亮、断桥残雪与雷峰塔及许仙与白娘子的故事关联讲解,达到了非常好的效果,为她点赞。她恰到好处地将景观内暗含的中国文化在西方人面前呈现了出来。

四、你知道杭州灵隐寺里的"卍"字符吗

灵隐寺里,禅声悠扬,僧衣飘飘,幽幽禅香从西湖的西北面盘绕着向天空升去。作为杭州西湖必游的三大景点之一的灵隐寺,近年来遍布外国香客足迹。即使有着不同的信仰、不同的宗教,大家还是会信步走进这千古禅寺。

庄子曾曰:"大隐隐于林,小隐隐于市。"灵隐禅寺则是隐逸于西湖闹市一隅的大隐。它作为杭州城的精华之一,日日香火不断。走进寺院,一眼望去有许多金发的西方人穿梭在黑发黄肤的人群中。大肚弥勒向来是最受外国友人欢迎的景

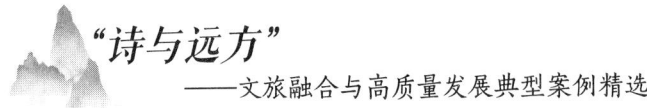

点,大大的肚皮、和蔼可亲的笑容及长长的耳垂在他们看来非常亲切,许多光脑袋、大肚子的外国游人便会在石像前摸着肚子捧腹大笑以此来模仿大肚弥勒,许多游客驻足观赏,拍下视频,也不失为一道独特的风景线。大肚弥勒向来是佛教中的代表人物,也是中国佛教的"形象大使",他憨憨的笑容更容易使人感受到中国佛教文化的亲厚,从而拉近不同文化间的距离。

大雄宝殿作为灵隐寺三大主殿之一,香客不断。药师殿内药师佛胸前的心印总会引起误解,特别是德国客人,他们会发问:"这是纳粹的万字符吗?"当然不是,两个符号的方向是相反的,纯属巧合。佛祖胸前的心印代表着佛法的永恒,而纳粹的万字符则是追求权力的强烈欲望,两种寓意截然不同。于是乎外国客人便会笑着说是希特勒学习的佛教标志。

一次带团途中,恰逢灵隐寺正式启动"己亥法界圣凡水陆普度大斋胜会",还没进入灵隐寺就已听见庄严的诵经声。我和客人悄步进入药师殿内,大约有100位僧人正在进行吟唱。禅声之大,使得旁人不敢多言,也无须多言。只有真正沉浸在这禅声中,才能体会到与西方宗教形式与内容不同的东方文化。我们走出大殿后,客人兴奋地和我说这次旅行非常幸运,让他真正见识到了佛教文化的庄严。

殿内的十二护法代表着十二生肖的守护神,有些国家的人比较喜欢中国文化,如奥地利、澳大利亚等,因此他们也知道自己的生肖,却不知十二生肖争夺神位的传说:猫托老鼠报名,结果老鼠忘了,从此猫见到老鼠就寻仇。于是乎许多外国人都大笑,指责老鼠狡诈,因为许多外国人都喜欢养猫,所以他们对于猫的落选感到十分惋惜,又对中国的猫和老鼠的故事感到十分新奇。

除了这些以外,投币上鼎及许愿池,药师殿前500年树龄的樟树,还有背着香炉只有三只手指的妖怪,都让外国客人对中国的传统文化产生了浓厚的兴趣。犹记得当我向客人介绍投币上香鼎只要硬币没有掉落就可许愿后,客人执着地投了半个多小时,直到成功,才心满意足地许完愿后离开。许多客人表示即使他们信奉的是天主教，但是中国的佛教确实博大精深。特别是灵隐寺各个殿内的木雕工艺，可谓惟妙惟肖，十分精致。对于一些不信奉佛教但喜爱钻研建筑雕刻的外国游客来说，灵隐寺着实是一个好去处。

杭州，你是人间的天堂，也是一位浪漫的姑娘，还可化身庄严肃穆的僧衣老衲，你有着西子的衬托，又有着灵隐的庇佑。总有许多游客对我说："They are so lucky"，他们艳羡的，正是生长于这片土地的人们。杭州人吸纳着杭州给予他们的天然养分，享受着杭城深厚的文化氛围滋养。

点评

当你在西湖边行走，隔几分钟就能遇见一个"小彩旗"打头的旅行团，游客们不停地赞叹"西湖真美啊"，但大多数导游则依旧只简单讲述着灵隐、岳庙、三潭印月等景点典故。但是，杭州导游如果能凝练出杭州西湖文化的精髓，就会让旅游者对杭州有新的认知。西方游客对灵隐寺飞来峰规模最大的造像——大肚弥勒的喜好，对大雄宝殿内释迦牟尼佛胸前的心印的误解，对中国的猫和老鼠的故事的新奇，无不说明导游在带领客人游览世界文化遗产西湖时，对中西文化交流的细心洞察和敏锐感知。

事实上，西湖是按照中国人的传统理念和文化性格塑造出来的一个精品，体现出一种和谐美的境界。它是中国人文山水的典范，寄寓着知识分子的人文情思和隐逸意趣，承载着儒道佛互补的中国传统文化精神。

就像去博物馆看一只旧碗、去美术馆赏一幅新画，当一个人拥有基本的美学知识，懂得看一点"门道"后，那么他得到的感官享受、心灵熏陶、价值观的升华，总会比"看热闹"的另一个人略微多一点。而导游正是那个引领另一个人去欣赏美的人。在文旅融合的时代背景下，杭州导游的一个重要使命就是要将西湖文化遗产进行梳理和提炼，告诉每一位来杭州的中外旅游者西湖遗产之美、西湖文化之深。

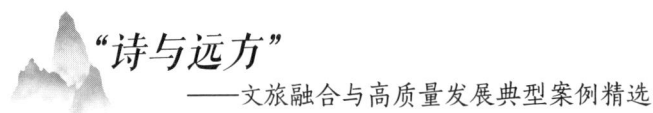
"诗与远方"
——文旅融合与高质量发展典型案例精选

五、穿越时空的对话——苏先生的西湖

一城一湖,一湖数景。西湖作为杭州的灵魂,吸引了无数人为此驻足。一城一人,一人一湖。在中国版图的南端——广东惠州,有一人改变了一城,有一湖因他而拥有了灵魂。他就是一代文豪,苏东坡先生。

我的一名旅游专业的学生小郭,他喜欢以讲故事的形式将杭州西湖文化传递给游客。杭州西湖传说甚多,皆意蕴深远。一次带团,他给游客讲述了苏轼与两个湖的故事,激起了游客们的兴趣。

正值盛夏,西湖堤岸上人山人海,拥挤与炎热让客人多了一丝烦躁。前往苏堤途中,跨虹桥早已人满为患,挡住了去路。岸边盛开的荷花一下子吸引了游客的目光。我与游客讲起苏轼晚归乘船、夜泛西湖的故事,并和他们打趣道:"即使工作再忙,也要像苏先生一样怀雅致之心去欣赏身边的风景。"客人纷纷大笑,说要组团租艘小船去找寻他的遗迹。随着气氛的缓和,游客们开始谈论关于西湖的种种,"苏堤的来源,苏轼任刺史时对杭州的贡献……"大家如火如荼地讨论着,竟让小郭忘却了自己导游的身份。

游客总喜欢新鲜的事与话题。苏轼与西湖有着一段美好的佳话,他代代相传的诗词,成为西湖的标志。他对杭州西湖情有独钟,体现在满林烟月后的西湖忆。小郭与客人歇息在大理石板,说起了后来苏轼与西湖的故事,话题一起,便引起所有游客的关注。

小郭介绍了苏轼的生平,讲起他与西湖的渊源。第一眼,苏轼便相中了这片三面环山的湖泊和那湖中孤岛及两岸飘絮,苏东坡欣喜,这就是自己朝思暮想的地方。于是,他与友相乐,醉意写下:"梦想平生消未尽,满林烟月到西湖。"

苏轼除尽了他作为一名诗人的职责,也为这座城作出了巨大贡献。苏轼用修浚西湖的经历,在惠州西湖上修建了大坝,落成苏堤;听闻城东大火,满城尽毁，民不聊生，便集资修建营房。后人为了纪念苏东坡，还在惠州西湖塑造了雕像，与湖中孤山和玉塔相对长伴。

游客听完小郭描述的故事，表现得更加热情与期待。大家似乎都未曾想到，苏轼与西湖竟有那么多的故事。因这段旅途，客人们更了解苏轼了，同时也激起了他们走遍祖国河山的欲望。文化就像一条纽带，串联着空间地带，而苏轼就像一段穿越时空的对话，影响着这段旅途上的每一个人。

点评

"上有天堂，下有苏杭"是人们对杭城之美的由衷赞叹。杭城之美，美在西湖。西湖依杭州而名，杭州因西湖而盛。自古以来就盛传，"天下西湖三十六，就中最美是杭州"。

西湖不可谓不美。可再美的山水，若没有历史和传说中的名人，也将失去灵魂的躯壳。杭州有别于其他城市之处，在于众多历史人物纷纷走过这片土地，上至历朝皇帝，下到奸臣秦桧，也不乏文人墨客。千百年来，许许多多动人的"西湖传说"，将西湖美丽的自然风光融会到其丰厚的文化底蕴中。

文化是旅游的灵魂，旅游是文化发展的重要途径，文化旅游现已成为经济的支柱性产业。在文旅融合的背景下，导游的一个非常重要的功能就是做中国文化的传播者。前文中的导游采用了类比说明法的讲解方式。通过类比讲解，可看出不同风格代表不同文化传统和文化时代，还可让旅游者产生"他乡遇故知"的亲切感，起到事半功倍的效果，所以该导游的讲解技巧值得点赞。

六、万物伙伴，文旅相伴

蝉鸣如网，浮于楼宇之上；蝉鸣破窗，与我同游西湖堤。

"国美"学子徐哲斓在杭州出生与长大，庆幸于庚子之夏考入中国美术学院

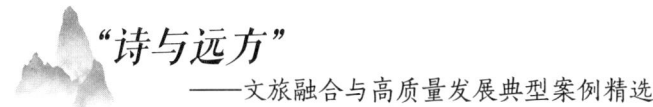

中国画系,闲暇之余常游览西湖名胜,放棹西湖月满衣,千山晕碧秋烟微。

画中国画学子的创作灵感从哪儿来?面对满山翁郁的林木,徐哲斓在满目翠绿中寻找梧桐;聆听远方山泉的琴音,在细响间追寻鲤鱼一跃的刹那……正是看待自然万物的独特视角,让她的行为独树一帜,侣鱼虾而友麋鹿,与万物为伴。都说"外师造化,中得心源",万物皆为老师,中华文化又何尝不是在大自然中树立根本又加以发展的呢?

西方人论诗,往往强调叙事、抒情或是牧歌。而中国人喜欢咏物、咏怀。"物"已经在中国变成了一种可以歌颂的题材,正如艺术家从来不说画"画",而是说画山水、画花鸟、画人物。中国的圣人懂得"自强不息",因为有感于"天行健";看到"逝者如斯"的东流水,会慨叹"不舍昼夜"。我们一切的情感都源于自然,取法万物,师法万物。从小在西湖边长大,这里的一草一木,都给予徐哲斓心灵的抚慰,人生的启迪。

身为长在西湖边的杭州人,徐哲斓的愿望就是把家乡的山山水水用心记录下来,并且用中国画的笔触和审美意境呈现出来。徐哲斓曾在明朗的夏季一人徒步杨公堤,走完那15座桥。她穿梭于林间小道,一路柳暗花明,来到曲院风荷。荷花池头风荷举,千姿百态,好似宋画小品《出水芙蓉》出淤泥而不染,又好似朱八大山人的《墨荷图》气韵生动。继续前行,她来到郭庄,映入眼帘的亭台楼阁、水榭廊道仿佛从画中走出的一样,宋朝以来,古代文人常流连于西湖美景,写生于西湖。

"天下西湖三十六,就中最美是杭州",西湖不仅是旅游者的天堂,也是绘画爱好者的胜地。西湖山水不仅涵养了徐哲斓的审美情怀,俯拾皆是的历史文化经典故事还陶冶了她的审美感受,学习绘画的过程是她学习文化的好时光。

当下很多中国画类考试都以西画为准绳,传递的是西方的审美标准。中国画本身就是传统文化的一部分,我们可以从中国画中学习传统文化。我们在欣赏艺术品时所建立的审美情趣,是中华历史文化的集成。徐哲斓认为,以中国画的审美观为准绳来审视、评价中国画，是一种民族文化复兴的前兆，是文化自信的一种表现。即便西画理论跟西方绘画理论有着天壤之别，我们不用通过改造心态来改造中国画，我们应心怀文化自信进行艺术交流，借鉴西画长处，拒绝一刀切的改造。

中华艺术实则为中华文化的一种表达方式，我们学习中国画的最终目的，无疑是在继承与发扬中华文化。文化自信的首要条件就是了解中国文化。我们可以从敦煌莫高窟屏风画起源探讨道家文化，可以从画像砖、画像石中了解仕人的阶级地位变化，可以从铜瓷器皿中探寻人类的饮食历史。学习中国画不仅学的是技巧，更是历史，继承的是优秀传统文化。我十分担忧中国文化"窄化"的问题。从晚清以来，"现代化"始终以西方国家为主导，倡导西学东渐。而我们对中国文化的讨论，往往是大而化之、似而非之。现如今，甚至还有西方学者片面地认为中国文化就是"儒家文化"，但我国从古至今一直是多元一体的政治格局，始终坚持多民族共同发展。另外，在所谓"大国崛起"的当下，有些人抱有一种很强的文化优越感，但这实则是一种错觉；世界文化无高低、无贵贱，我们要坚持文化平等原则，吸收外来优秀文化，理性学习传统文化，取其精华去其糟粕。我国高度重视文化强国建设，我们更应该把文化建设放在首要位置。

点评

中国画的文化内涵更需要我们去发扬。从某种角度看，综合国力的竞争更是文化生命力的竞争。在如今全球化的背景下，不同价值观和文化的竞争日趋激烈。处于"和平崛起"关键阶段的中国，尤其需要推动中华文化在国际社会的传播，促进各国民众认同中华文化所蕴含的价值观。中国画的崛起在于其原创性的开发。从2008年奥运会起，张艺谋导演就将其所推崇的博大精深、源远流长的中国元素深入浅出、删繁就简地呈现给世界；如今，"盖亚传说"强势挺进巴黎时装周，可见在时尚界，更是不缺中国元素的一席之地。

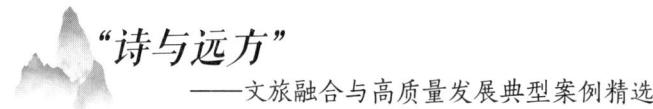

文化不是经济的花瓶，而是国家的精神之根。没有杰出的文化产品，公众就会失去精神方向。21世纪的今天，我们通过互联网、短视频等各种方式传播中国文化，让它能在世界立足。学习中国画，并不只是画一张画，更是深入了解中国，汲取中国元素，将其融入文创产品，积极传播中国文化。我们要以万物为伴，让文旅相伴。

七、宋韵文化里的动人风景

宋代被称为中国的文艺复兴时代，是中国文化发展的黄金期，宋韵文化作为中华优秀传统文化的重要组成部分，是极具中国气派和浙江辨识度的重要文化标识。杭州作为南宋都城，是南宋时期宋韵文化的重镇和核心地域。

宋朝推崇"重文轻武"的政策，虽说这一政策最终导致了军事力量薄弱的局面，但也正是基于此，南宋的艺术事业尤其是南宋绘画艺术的发展拥有了良好的氛围。《画继》有载："始建五岳观，大集天下名手，应诏者数百人，咸使图之，多不称旨。自此以后，益兴画学，如进士科下题取士，复立博士，考其艺能。"开放开明的政治局面为文化思想的自由和兼容并包提供了坚实的条件。在这样的政治背景下，南宋诞生了李唐、刘松年、马远、夏圭这样各具特色的画家，他们被合称为"南宋四家"。南宋画家弃置北宋（京城汴梁）时高山激流式的构图手法，转而着力以绘制典型江南山水为主的小品画。"小品"较之"大作"，如一首小诗，不求深沉、严肃，但求清新、活泼，它注重的是审美的追求和某种意境情思的抒发。

"简"。中国画重神韵，为了表达这种情感，南宋山水画家采取"截景"式构图法，描绘对象小且少。比如，在马远《水图》之一"湖光潋滟"中，流利的线条具有轻重缓急的变化，勾勒出了西湖波光粼粼的水面，远处的浪尖渐渐虚化、时隐时现，仅仅几条波纹，但却不难看出这是长江中下游地区，宁静平稳，有种兼收并蓄的雍容大度,画家通过对局部真实的简单特写映射出大自然中实景的旷远意境、神韵和气势,这种将描绘对象简单化的绘画创作形式是中国画的内在情感诉求。

"情"。"情景交融"是绘画的精神气韵,也是中国传统美学的核心范畴。谢赫六法也将"气韵生动"摆在第一位。中国画的意境源于生活,是画家对生活内涵的有机提炼,是画家通过对生活意象的主观营造再以笔墨的形式加以再现。南宋小品山水画章法简洁,用笔苍劲,色彩雅致,整体体现出山水画境与画家寄情于画面情思的完美结合。王国维曾说:"境界有大小,不以势而分优劣。"一个时代自有一个时代的特色,南宋小品画的高雅格调是离不开南宋四家的,南宋四家之一的夏圭在其作品《松溪泛月图》中,通过简单的勾勒和晕染,只用三种物象通过描绘大片空白突出云雾环绕灰暗的月亮,就让迎接画中人的松树、倚岸归来的小舟、舟上畅谈的人三者有机结合,使观者不禁联想到夜归人返乡时激动的情景。这样对山水林石、飞禽走兽的人性化塑造,加上画家本人的情感,使画面达到了"山人合一""人画合一"的高深境界。这不禁让我想起西湖十景中"平湖秋月"的构景也有异曲同工之妙。

"趣"。随心任性,笔精墨妙,"画到生时是熟时""诗意结合"皆为南宋小品山水画趣味的表现,它随心而任性。每一个画家对待绘画并不完全是一种模式,艺术家们的心性和艺术语言都有不同。有的隐含晦涩,有的激情豪放,有的高贵儒雅,因此它们都具有各自不同的艺术魅力,要想挖掘出这种潜伏在画家心灵中的东西,使其能积累、强化和完善,非小品这种绘画形式莫属。马远用笔清净而外露,像是夏天的西湖;夏圭喜用秃笔,爱冬日之景,他用笔苍老,水墨淋漓,意尚苍古而简淡,点景人物笔简神全,寥寥数笔便神态迥出。

南宋绘画将"简""情""趣"完美结合。山水小品一幅即一处景点,南宋叶肖岩就曾画下《西湖十景图》。这套图册共十幅,以十景为题,采用诗画合一的形式。画作着重烘染,用笔简洁有韵致,构景设色取意极具巧思。

如今，稍加留意便不难发现西湖周边的角角落落都隐藏着宋韵文化。保俶山的初阳台、城隍山上的观景台、杭州香格里拉饭店总统套房的阳台都是根据南宋美学理念设计的，从任何一处望向西湖，都是一幅山水画。

点评

杭州西湖是人类与自然和谐相处的产物，这种基因无法复制。名自景始，景以名传。2011年6月24日，杭州西湖作为文化景观遗产被列入《世界遗产名录》，成为我国第41处世界遗产。

自南宋起，西湖便是春来"花满苏堤柳满烟"，夏有"红衣绿扇映清波"，秋是"一色湖光万顷秋"，冬则"白堤一痕青花墨"，形成于南宋时期的"西湖十景"可谓各擅其胜。旖旎的湖光山色激发着古代文人无限的创作灵感，西湖自然山水承载的历史文化内涵自是宋韵文化的精华所在。

八、在艺术载体演变中感受穿越古今的"忆江南"

从钱塘江上游追溯，新安江经过千岛湖，再到富春江，最后流入东海，以水为线勾勒出大杭州的范围。人们皆知西湖"淡妆浓抹总相宜"，钱塘潮"百里闻雷震，鸣弦暂辍弹"，而少有人了解"一折青山一扇屏，一湾碧水一条琴"的富春江。

2022年央视春晚上以《富春山居图》为蓝本创作出的音舞诗画《忆江南》，运用现代科技手段让观众走入画中。八位演员化身八位古代文人，在画中山水里吟叹如画的富春山水。观众沉浸于画中之景，借助新的影像技术体会古者之趣，感受古朴雅致的江南之景与淡泊超脱的文人志气。忆江南，忆的不仅是"小桥流水人家"的柔和温婉，更有如富春山水这般的俊雅隽秀。新的影像手段正在帮我们重塑江南记忆，构建一个更全面、更多元的江南。

许多古代文人都与富春江有着深厚的情缘。东汉严子陵在刘秀即位后隐居富春山麓"披羊裘钓泽中",刘秀盛情相邀,仍"不屈,乃耕于富春山"。苏轼写过"水光潋滟晴方好,山色空蒙雨亦奇"的西湖;亦作过"一叶舟轻,双桨鸿惊。水天清、影湛波平。鱼翻藻鉴,鹭点烟汀"的富春山水。元代黄公望出狱后归隐于富春江畔,花三年时间作出《富春山居图》。它与《清明上河图》齐名,让我们从古人对富春山水的缱绻爱恋中窥见其旖旎秀美。

"杭州新浪潮"之一的电影《春江水暖》,也将富春的诗意展现得淋漓尽致。导演顾晓刚生长于杭州富阳,《春江水暖》的全部取景也在富阳。电影讲述了一位年迈的母亲在寿宴上突发中风患上阿尔兹海默症,兄弟四人分四季照顾母亲,在过程中面临生活考验的故事。《春江水暖》的最大特点就是烟火气与诗意相融。一件件家庭琐碎小事的堆积,素人演员情感的自然流露,吴语方言地方气息的烘托,使烟火气息处处显现。如诗如画的富春江景,在一个个长镜头中缓缓展现,如同一幅画卷徐徐展开,是镜头语言下诗意的展现。中国长卷绘画的观赏习惯是随卷轴展开局部欣赏,整部电影追求中国传统绘画中的"气韵生动",就像将电影胶卷片放在手上,一点点从右往左打开一样,在观赏中遇见不同的人,看见不同的景,进入不同的故事。

传统诗意美学和生活烟火在《春江水暖》中完美融合,也在富阳这座小城中完美融合。富阳依山傍水而建,人们生活在山水中,柴米油盐与诗情画意毫不相冲。影片中的老二是渔民,与妻子住在渔船上,清晨在烟雾朦胧的江中撒网,仿佛画中人。然而这绝不仅仅是电影的艺术设计,富春江畔有无数以捕鱼为生的渔民。满载而归的渔人在鱼市边卖力地吆喝便是唤醒富阳的铃声。影片中还有很多这样的镜头,它们续写着富春江畔的诗与歌。

处在数字时代的我们,可在几秒内将万千风景饱收眼底。影像正在帮我们快速地建立许多陌生的认知,在城市图景的建立过程中,电影就是其中一个重要的认知方式。《马路天使》《一江春水向东流》等电影构建起了人们对老上海的印象;《重庆森林》《甜蜜蜜》等电影在香港回归之前,为内地观众认识香港提供了重要依据;《从你的全世界路过》《火锅英雄》等在重庆取景的高票房电影,将重庆旅游带上了新的高潮……一部有关城市的电影,就像是城市的一幅速写;一部部电影集合成一本画册,构建了该城市在人们心中的形象。

顾晓刚导演在电影开拍前调研时,查到地方志有云:"春江经钱塘汇入东海",杭州由一江水串联,一方水土养一方人,从富春江畔的生活便可窥见整个杭州的诗意。杭州——名于钱江潮,繁于运河流,盛于西湖水,起于富春江。在这一江滚滚春水中,诗意从古代穿越时空留存于当世,并永不断流。

从诗歌画卷到电影画面再到科技重现,从空间想象到亲眼所见再到置身其间……不同的载体帮助我们完善了心中城市的图景。从古至今这些有关富春江的艺术创作,描绘出了人们心中的诗意山水。

点评

2018年,机构改革使文化与旅游融合发展成为长期目标,影视产业借"文旅融合"之东风,将旅游作为影视IP可持续化发展的一个重要延伸方向,积极打造体验式旅游的时尚景观,"影视+旅游"亦成为新时代文旅融合的新趋向。

影视文化中创意美学与旅游景观的深度链接已成为新业态,影视为旅游"加码",旅游为影视"赋能"。影视创作因地制宜、发掘造梦功能,产业链不断完善、集群化发展,唤起游客的"同源情感";文旅综合体开发影视IP并持续维护,打造个性化、品质化、沉浸式旅游体验,以影视作品构建城市文化的现代表达。文旅融合中既有中华优秀传统文化的传承发扬,又有影视新IP的创新建构,将持续推动"影视+旅游"成为文化交流的有效载体,赋能文化传播,凝聚复兴伟力。

九、宋风雅韵：西湖深处的文化探秘

2022年央视春晚上，因为舞蹈《只此青绿》，北宋天才少年王希孟画笔下的《千里江山图》再度出圈。这幅传世名画比我们熟悉的《清明上河图》还要长一倍多，山河辽阔、层峦叠翠，让人惊艳。

杭州之美，美在西湖。南宋临安都城，也有一幅描绘当时西湖全景的超长写真画卷，画幅更大，长约16米，几乎是《清明上河图》的3倍。这幅古画就是《西湖繁胜全景图》，现藏于美国收藏中国古画最多的弗利尔美术馆。很长一段时间里，杭州人都不知晓这幅画的存在。

2021年，由陈珲撰写的《南宋西湖全景考——〈西湖繁胜全景图〉解读》由中国建筑工业出版社正式出版。全书包含一幅近12米长及加标注的彩印长卷《南宋西湖繁胜全景图》折叠本和63万字的考据。书中的长卷是西湖最鼎盛时期的画面，折叠本印制精美，清晰入微。在看到这幅画卷之前，没人能想到南宋西湖会如此美丽繁华，胜景迭出。如今，这幅唯一幸存的南宋西湖写真画卷的考证认定，让杭州寻回了西湖失落已久的一段最重要时光里的面貌，真是珍贵无比。

"寻城记"文旅项目自2020年创立以来，一直提倡"人文、艺术、行走"相结合的生活方式，经过这几年的积累，已经形成文化游学、展览讲解、私人定制、企业文化顾问、文创体验等多元立体的文旅项目，为人们提供了更专业的文化产品服务，做好了文化传承的桥梁，同时也让枯燥碎片的知识有体系、有温度，让艺术和历史可亲近、可体验，让文化的力量走进生活。

"寻城记"从"0"到"1"的背后，从规划、设计、踩线，到文案呈现、内容制作、学习资料整理，再到解说专家的实景走读领讲……都凝结了工作人员不忘初心、坚持认真务实的文化传播精神。2022年，"寻城记"一直在寻找宋韵文化文旅融合的切入点。当看到《南宋西湖全景考》时，大家都非常兴奋，一个新

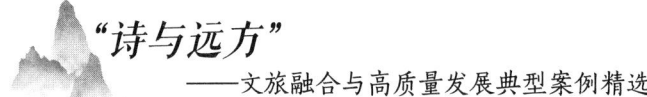

的宋韵标识、一个曾经神秘的南宋西湖,全部展现在大家眼前。随即南宋西湖探秘之旅研发被列为"寻城记"的重点项目。工作人员和陈珲女士开始了2个多月的交流与探讨。从交流中大家得知:考虑到书是由"画卷"展开的,所以她特意选择以"导游画卷"这样引人入胜的方式解读,力求以明白畅晓的语言深入浅出地讲解,让人追古抚今地在形象具体的古景中"目游",细细观赏,慢慢品味,深深浅浅留意,多多少少领略,感怀早已逝去的昔日光景;如若兴趣浓厚,欲刨根问底,更可向文中再作求索……那么,"寻城记"是如何将书与画的完美呈现以文旅方式展现给客人的呢?我们研发人员在作者的指导下,认真研读作品,边读边寻找亮点,读完一章节,约上陈珲女士西湖实景处再走一走,由此反复多次。

"寻城记"首席文史专家仲向平先生也加入了针对这本书和画的文旅研发中。他认为这不仅是第一部对南宋《西湖繁胜全景图》进行标注并全面研究考述的开山之作,也是历史上第一部对南宋西湖进行系统考证、全面介绍的专著。南宋灭亡后,西湖繁胜也随之远去,记忆更是慢慢消失,故宋后从未有书能对南宋西湖作全面介绍,这次,真要感谢这幅重现南宋西湖盛景的写真长卷!书,虽为一幅画而写,却意在挖掘真实的南宋西湖全景,画文交融,将优雅美丽的"南宋西湖全景"图文并茂地展现出来,以让杭州曾经有过的人间天堂再回眼前,重放光彩。有了仲先生的指导,南宋西湖探秘之旅显得更加有趣生动,做到了有温度的传播。

在书籍作者和文史专家的指导下,"寻城记"在两个多月时间里实现了策划、历史遗迹的踩点、线路的编排、讲解词的梳理、导游服务的规划等,于2022年3月中旬成功打造出宋韵主题线路,把800年前的古画中精工细画的每一处场景透彻解析,还原出一幅南宋临安城繁华熙攘的西湖游画卷,破解多处千古谜团之人物事件和场景,主题包括"钱塘门外""十三间楼""栖霞岭下""苏公堤上""南屏望祭""聚景御园"等。

2022年3月16日和19日,"寻城记"中"南宋西湖探秘系列"陈珲与仲向平两位专家策划千年西湖对话沙龙,以及"南宋西湖之钱塘门外"走读,参加中国共产党杭州历史馆(杭州方志馆)的"典籍中的杭州,史志中的宋韵"活动,获得了来宾和客人的好评。此次沙龙对话和南宋西湖走读活动将由专家结合画书向市民揭秘800年前的西湖全景,带领大家行走于西湖山水之间,探秘南宋西湖的繁胜风貌,沉浸式体验和近距离互动交流,让神秘的南宋西湖变得可亲可感。

点评

面对旅游业态的诸多新变化及旅游者寻求深度旅游的需求,杭州寻城记文化发展有限公司从业人员不停地尝试新的经营生存可能,结合原来入境地接的资源优势,通过挖掘当地文化的内涵,让枯燥的碎片知识,变得有体系、有温度,让艺术和历史可亲近、可体验。于是,文旅主题一日游产品——"寻城记"就诞生了。

文旅融合和发展十分艰难。旅行社只有从朋友圈、专业销售公司、领队导游、旅行社同业、研学服务机构、文博系统、图书馆、酒店民宿、演艺服务机构这些收客渠道推广产品,但是收效甚微,勉强维持每个月成两个团已属不易。项目很难维持盈利或部门生存,在这样的情况下,杭州寻城记文化发展有限公司坚持与政府和党政国企合作,配合政府和企业机构做好文旅定制服务。每个月都要安排多场南宋文化主题之旅。目前已经推出北宫德寿、行在临安、凤山怀古等6条南宋主题线路,我们不禁要为此行为点赞。

十、博物馆:让文旅融合爱得更深,走得更远

当人们用"诗与远方"来形容文化和旅游的融合时,承载着文化历史记忆、收藏及展示功能的博物馆日益受到关注。今天的博物馆在"让文物活起来"的号召下已渐渐走下神坛,以全新的使命与担当,扮靓我们日益繁荣的精神文化

家园。

论及旅游业的发展,博物馆的贡献亦不容忽视。一方面,人们对精神文化的追求日益增长,让博物馆这样集中华文化大成的文化展示地,越来越多地出现在人们的视野中,其文化集聚效应和对文化知识通俗易懂的解读,满足了广大人民群众的求知欲;另一方面,人们渐渐意识到,博物馆往往能折射一座城市、一个地区甚至一个国家的精神文化水平,博物馆成为人们了解当地历史的"形象代言",如果说,融入每一座博物馆建筑内的历史文化底蕴是滋养其成长的血液,那么经由这个建筑传达出的"核心思想"便是一个个传统文化下无法替代的"文化符号"。

浙江历史文化璀璨夺目,其博物馆建设与发展亦走在全国前列。中华五千年的文明在良渚古城找到实证,人类最早的稻谷在浦江上山被发现,世界最早的独木舟出现在萧山,人类最早的丝绸在湖州钱山漾出土等重大考古而形成的重量级博物馆自不必说,浙江当代旅游发展促使兴建博物馆的故事亦是可圈可点。其中有几件特别值得一提。其一,是20世纪80年代浙江省旅游局在国家旅游局的项目资金资助下,指导杭州市一举兴建了中国丝绸博物馆、中国茶叶博物馆、胡庆余堂中药博物馆和南宋官窑博物馆,开创了全国博物馆非文化系统建设的先例。其二,是在原国家旅游局大力支持与指导下,全国首个以旅游为主题的博物馆——浙江旅游博物馆于2011年开始筹建。2019年3月,世界旅游博览馆自世界旅游联盟总部落户杭州湘湖后正式奠基开建。显然,这是浙江旅游的一次国际化转身。其三,是博物馆在注重硬件发展的同时也越来越重视自身展览教育和开放服务的提升。近年,浙江的博物馆陈列展览数不断增长,精品陈列也不断显现,特别是出现在杭州、横店的"景区博物馆群"现象,在全国来看都实属罕见。以横店为例,这座曾经名不见经传的小镇不仅抓住了影片《鸦片战争》广州街拍摄基地建设的契机不断深耕,让原本的荒山、荒坡、荒滩变成一个大型影视拍摄基地,影视产业的日益繁荣;还催生并推动了横店旅游产业的迅猛发展。如今，横店更是试图登攀博物馆文化这块高地，于2016年底正式出台《横店影视城泛博物馆群总体规划》，意在让人走完博物馆群后便能知晓中华上下五千年的历史。2016年，其电影放映机博物馆建成开放，2017年又相继开建明清宫苑明清御膳博物馆和清明上河图两宋市井风情馆。按规划，横店博物馆集群预计建设景区博物馆37座，未来还将基于物联网、互联网及大数据等前提，加强VR、光、影、传媒等多媒体技术与手段的运用以实现身临其境的"穿越"之效。不得不说，这种在景区内注入文化内涵，且结合现代科技的方式，极大地丰富和提升了景区的体验感和参与度。

事实上，横店的成功尝试仅仅是浙江旅游发展的一个缩影。在建设文化强省、旅游强省的过程中，浙江不忘初心，牢记使命，不断创新，勇于实践，结合博物馆的文化属性，打造出真正的文旅融合"中枢"，让博物馆吸引人们造访的同时，释放出了强大的旅游功能。至今，浙江省内共有博物馆380余座，这数百个见证了浙江历史发展前世今生的文化集聚地，构成了一个门类丰富、格局鲜明、分布广泛的浙江博物馆发展格局。

奋发与激情同在，文化与旅游齐飞，博物馆的"再发展"自是大势所趋。这一个"文化+旅游"发展的前沿阵地，定能让文旅融合爱得更深，走得更远！

点评

中国的历史虽漫长，但博物馆从西方传来的时间却并不长。1905年，张謇创办的南通博物苑是迄今中国人自己创办的第一家博物馆。此后，中国博物馆的发展之路可谓坎坷而曲折。数据显示，1929年中国仅有10座博物馆，1949年中华人民共和国成立之初也仅有21座博物馆，1957年第一个五年计划结束时全国博物馆总数达到72座。改革开放后，我国的博物馆建设可谓真正步入快车道。据文物系统统计，1978年全国共有博物馆349座，随后逐年攀升且一直保持着较高增速。2018年，国家文物局公布，截至2018年底全国博物馆数量达到5354家。

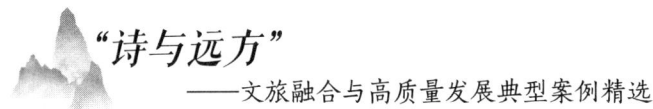

从总量上讲，我国已经是一个博物馆大国。2019年的国际博物馆日将主题设定为"作为文化中枢的博物馆：传统的未来"，我们不妨站在文旅融合的当下反观历史。2009年国际博协将"5·18"国际博物馆日的主题确定为"博物馆与旅游"，或者更早前在1977年于莫斯科举行的国际博物馆协会第十二次大会上发布第2号决议"博物馆与世界旅游"，1992年在委内瑞拉召开的"博物馆新目标"会议讨论了"博物馆与旅游"议题等一系列来自国际的声音，它们，不仅仅是之于博物馆与旅游发展间的探讨，更是之于博物馆承载的社会担当进行的强调和肯定。

十一、让中国传统文化在博物馆延续

每个人的生命里，总会有无数次的遇见，就像春遇见冬，有了岁月；冷遇见暖，有了雨；天遇见地，有了永恒……因为一个又一个的遇见，我们的人生，也显得格外精彩。我的学生小魏，就有着一次与众不同的"遇见"——遇见博物馆。

2005年，一座方形的"倒金字塔"结构建筑在晋阳拔地而起。这座以"晋魂"为主题的建筑，不仅诉说着发生在三晋大地之上的历史，也似乎在期盼着人们能带着"晋魂"走向世界的各个角落。2014年，参加完中考的小魏怀揣加入山西博物院"暑期志愿者团队"的梦想，又一次走进了这里。虽然这一次我未能如愿参加，但那厚重的历史气息已然将我的心深深地留在了这里。自此，每一个暑期，她都会坚守在博物院的"暑期志愿者团队"，浸润在三晋大地浑厚的人文气息里，一次次解读这片生她养她的土地，也认识了许多对文博事业饱含热情、热衷于传播传统文化的小伙伴。

三年的高中时光里，小魏在这里为大家讲解、解疑，虽说记不清完成了多少次这样的工作，但心里却清晰地记得，人们每每离开时的那句"没想到山西历史这么厚重"或许就是在那个当下对她如此笃定地为自己的人生做出选择的肯定。这个被她视为传播历史和文化的最好途径，便是做一名导游员。

第一章
当旅游邂逅文化,让旅游走入 4.0 版本

2017 年,小魏如愿进入浙江旅游职业学院,接触到了来自全国各地热爱旅游的同龄人。每当小魏为大家讲述山西历史,大家因山西厚重的历史而感叹之时,充斥她内心的除了满满的自豪感,便是对传播山西历史文化深远意义的认可。《国家宝藏》栏目的播出让全国上下掀起一阵"博物馆热",这阵热潮也让越来越多的市民、游客络绎前往山西博物院感受"晋魂"之魅。2019 年初,山西博物院国宝亮相《国家宝藏》,节目播出后的第二天,小魏又一次来到了熟悉的博物馆。这一次,她是受中学一位老师的委托,为来自省外的中小学生进行讲解,给大家讲述横亘山西数千年的文化积淀和历史遗存。蓦地她意识到,如今的她已然不再是几年前那个凭兴趣爱好制定目标的中学生了。相较彼时那个陈述历史的讲解方式,此刻的她会将历史脉络、人文风情进行更为深刻的思考和对比。有广度的理解,自然就会让讲解有深度,说者由心,听者尽兴,时有见地不凡的提问,亦会让小魏对家乡多一份了解。深厚的认知和阅历,坚定的目标和追求,这是文化传播者该有的底蕴。

"博物馆热"并不是空穴来风,它是越来越多人内心的期盼,是整个民族的"文化自信"。置身博物馆,一样的地点,不同的心境,小魏深知,内心的这份改变是家乡给予的,如今的成长亦是这片土地赋予的。一如艾青的那句诗词:"为什么我的眼里常含泪水,因为我对这土地爱得深沉!"她会坚守初心,做传播文化自信的使者。

点评

2019 年春节期间,故宫博物院每天 8 万张门票被一抢而空,人们通过故宫特展"贺岁迎祥——紫禁城里过大年"感受古代皇家过年的气氛,在"老字号"的吃喝玩乐中辞旧迎新,通过赏故宫首次复原的天灯、万寿灯想象康乾盛世。此外,国家博物馆自初二至初五现场观众量突破 6.5 万人次;陕西 300 多家文化馆、博物馆新推出 79 个丰富多彩的主题展览,游客量同比增长 11%……人来人往的

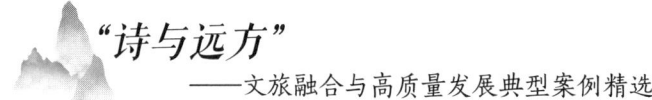

博物馆成为春节前后的"另一道风景"。在逛博物馆的过程中,人们触碰传统文化、感受流淌的文脉,对中华优秀传统文化的内涵和外延有了更为清晰的认知,在汲古纳今中坚定文化自信。"博物馆热"折射出的是人们返本开新的文化心理。

小魏是来自浙江旅游职业学院国际导游专业的学生,通过讲述她从中学时期到大学时担任博物馆讲解员的不同心境,表达了自己对文化传播的认知。确实,讲解员的阅历和认知,在很大程度上决定其对文物的理解和与听众的互动。真正优秀的博物馆讲解,会让"躺"在展柜里的冰冷文物变得有故事、有温度。

十二、世界旅游博览馆——让我们先睹为快吧①

杭州要建一座世界级的博物馆,朋友圈都沸腾了,大家都在猜测,一个被冠以世界之名的博物馆该是什么过人规模?一座名字中带"旅游"的博物馆会是怎样包罗万象、新鲜有趣?

实在是因为旅游这个主题太特殊了,人人都能言说,人人都能参与,轻风一吹,便能激起数不尽的水花。有人把它当作未来的网红打卡点,有人认为它无非是一个雷声大雨点小的展览馆,有人意识到这可能是一种代表中国向世界发声的力量,想象和猜测共同形成了大家的初步印象。

那么,世界旅游博览馆这个地标性文化空间,到底能给民众、给行业、给未来"地球村"带来什么?

首先,旅游在真正形成产业前,人类就已经为它准备了许久。远古时期,人类通过风吹草动、日出日落来判断方向,后来为了走向世界的另一端,他们遥望星辰,幻想着海洋另一侧的模样,于是开始绘制地图、精化罗盘针、设计望远镜、创造不同地理学说。这一场地理大探索,让人类的天文地理意识和自我意识

---

① 本文写在世界旅游博览馆开馆前。

真正觉醒。这就是世界旅游历史的开篇。

随着工业革命深入推进，旅游活动逐渐发展为全球性的重要社会经济现象。1769年，世界上第一辆蒸汽动力汽车问世，从根本上推动了旅游者数量的激增，使旅游进入人们的日常生活；1841年，世界上第一家旅行社成立，标志着旅游业的诞生。自此，人类进入了旅游时代。正在经历的或行将发生的旅游革新，给我们的明天带来了各种可能性。

现在，全球越来越多的人在旅游，但这些串联旅游事业诞生、成长和发展的历史记忆对大多数人来说都是陌生的。世界旅游博览馆设有旅游综合厅、世界旅游厅、中国旅游厅、旅游体验厅、联盟会员厅五大展厅，这样的设计就是希望可以打造一个将这些模糊故事表达出来，让更多人认识旅游、走进旅游和享受旅游的载体。

其次，中国的历史文明从未间断，旅行者的故事生生不息。曾经，张骞出使西域、玄奘西行、郑和下西洋……在历史长河中留下足迹的先人们四处行走，努力和世界建立联系，把优秀的民族故事分享给世界上的其他人听。藏族男孩丁真意外走进大家的视野，还登上了日本电视台，一时间其家乡——四川理塘的雪域美景成为大家向往的新世界。

尽管表达方式在变，但旅游的内核并未改变。世界旅游博览馆承担了更多这样的责任和使命，未来还将进行更多探索，用更好的陈列语言和媒体语言，讲好中国故事，传播中华文明。

最后，世界旅游博览馆的其中一个展厅——联盟会员厅，希望通过世界旅游联盟会员们的视角，讲述联盟在"旅游促进减贫和可持续发展"中所发挥的力量。因其特殊性，这里的展出物都要求来自联盟会员。

点评

习近平总书记曾强调，要讲好中国故事，传播好中国声音，向世界展现真实、立体、全面的中国。而世界旅游博览馆所讲述的旅游和旅游人的故事,丰满而有层次,更是展示和传播中华文明的重要窗口。

一座博物馆,就是一部物化的发展史。世界旅游博览馆即展现了旅游的过去、现在和未来。世界旅游博览馆,是一座面向全球民众开放的集展示、研究、收藏和教育于一体的综合性文化空间,是旅游历史文化的文化高地,同时又是中华文明精华和特色的展示窗口。

作为世界旅游博览馆筹建办的工作人员,我们有幸参与其中,亲历了这座博物馆珍贵的历史性成长。我们希望能从自己的视角出发将所见所想记录下来,并将其作为馆舍建设历史的一部分。

十三、诗画为媒,山水入梦——两百年前的中韩"愿游"佳话

自古以来,文人士大夫对美景名胜的青睐程度从未削减过。他们游历名山大川,吟诗作画,互相交游酬唱,不仅传播了山水名胜之美,而且进一步丰富了山水风景的文化内涵,创造了宝贵的精神财富。但囿于客观条件限制,无法做到身临其境、亲历游览者甚多,他们在前人口头传言及诗、画、游记等文艺作品的基础上大胆发挥想象力,通过图画或诗文等形式抒发渴望亲临亲历美景名胜的愿望——"愿游"。

清朝一位名叫张井的文人官员,官至河东河道总督,曾于道光年间在江南治理河务,人称"河帅"。"河帅"能诗善画,著有《二竹斋诗集》。他生前对江南山水充满向往,其中最想要去的4个地方是西湖、庐山、雁荡山、黄山。思之切切却不得成行,便通过手绘《愿游图》表达其内心想要游览的渴望。《愿游图》为一个系列,共4幅画,分别是《西湖泛艇》《庐山观瀑》《雁宕探奇》《黄山看云》。

张井的《愿游图》一出，便引来大量同好者为之题诗，吴嵩梁便是其中最有代表性的一位。吴嵩梁字子山，号兰雪，别号莲花博士、石溪老渔，江西东乡人，于清嘉庆五年（1800年）中举，历任国子监博士、内阁中书、贵州黔西知州。吴嵩梁是著名的江西诗人，其诗名远播海外。据清梁绍壬《两般秋雨盦随笔·梅龛诗佛》记载，当时朝鲜使臣尊其为"诗佛"，并专门造佛龛供奉他。吴嵩梁所著《香苏山馆诗集》中存有诗歌《张芥航河督愿游图》4首，分别为《西湖泛艇第一图》《庐山观瀑第二图》《雁宕探奇第三图》《黄山看云第四图》。

当时的朝鲜半岛上，有一位名叫沈象奎的文官，他和吴嵩梁同年出生。历任全罗道观察使、吏部判书、右议政等职，1812年曾以使节身份来华。沈象奎读吴诗《张芥航河督愿游图》后深有所感，便据吴诗的韵作了4首次韵诗，这组诗歌的名字为《仿张芥航愿游四图，次韵吴澈翁》，4首诗均与吴诗同名，该组诗歌收录在他的文集《斗室存稿》中。

在两位诗人笔下，西湖的秀丽、庐山的壮美、雁荡群峰的巍峨、黄山云海长松的奇绝被表现得淋漓尽致。以《西湖泛艇第一图》为例，吴诗和沈诗通过西湖的"画船""烟花""冷泉""九溪十八涧"等意象与物象，勾勒出了空灵、幽静、秀美的西湖意象。沈诗"今得澈翁为引路"句说明沈象奎把吴诗看作他"神游"西湖的向导，在这一向导的指引下，他似乎在一片空蒙烟雨里泛舟西湖之上，眼观三潭月色、两岭美景，耳闻九溪十八涧流水淙淙作响……

吴嵩梁游览过西湖和庐山，沈象奎则四处均不曾到访。他们在诗中极言西湖、庐山、雁荡山、黄山之美，同时表达了渴望亲自游览的强烈愿望。吴嵩梁四首诗用词用典贴切，结构严整，均以"君愿"开头，对几处景点的地理位置、地貌特征、景观特色等进行描述与刻画，诗尾部分表达出希望张井的西湖、庐山游愿得偿及与张井同游雁荡山、黄山的心愿。沈象奎诗是步韵诗，除了少数句子外，大部分韵脚的次序与用字都与吴诗相同，算是"戴着镣铐跳舞"，行文结构方面受到了一定的限制，但作者一方面保持与吴诗的"对话"，一方面述说本人

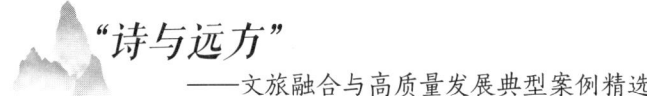

对四处景点意象的认知，引经据典，娓娓道来。从"结誓来生化两鸟，朝夕翔鸣在湖水湖山""安得竹杖芒鞋与君同，往浴云海瀚然天"等句可以感受到沈象奎想要"同游"的强烈愿望。

诗言志，这组诗也不例外。两位诗人通过对西湖、庐山、雁荡山、黄山美景的刻画，表达了对自由及自然之美、旷达之美、雄壮之美、脱俗之美等的向往与追求。在张井和两位诗作者眼中，这4处景点不仅仅是客观的地理空间，更寄托着自己情感与追求的精神符号。所以，吴嵩梁为张井画作题诗，沈象奎次韵仿写吴嵩梁诗作，这些行为都源自他们对对方审美情趣与志向境界的高度认同。因为认同，所以酬唱，因为认同，所以渴望"同游"。

山水一旦有了灵魂，便在古今中外的时空里扎下根须，孕育出珍贵的文化财富，同时也成就了中外文人交游唱和的风雅佳话。

点评

韩国与我国地理位置相近，文化相似，历史上留下了很多与我国风景名胜有关的诗文，这些诗文的创作与传播，使得相关风景名胜广为流传，成为更多人魂牵梦绕的文化符号。以杭州"西湖"为例，李氏朝鲜王朝时期韩半岛上曾兴起过"西湖热"，亲历或未曾亲历杭州西湖的文人们争相创作"西湖"题材的作品，盛赞西湖之美。

受中国文化的影响，韩国人非常喜欢"诗与远方"。古代韩国如此，同属于"汉字文化圈"的古代日本、越南等亦是如此。这些国家的文人用饱含"愿游"之情的笔触将我国风景名胜写进诗里。穿过历史的尘烟，今天，这些文字依然滚烫，是我们旅游对外宣传的珍贵资料，也是中外文旅融合的典型案例。这些诗文的作者，也将成为我们最忠实的宣传大使，他们带着自己百年甚至千年未竟的梦想告诉子孙后代：曾经，中国有一方山水，我不能亲临，只能梦里神游……

十四、行走的美味——《随园食单》在韩国

《随园食单》是一本广为人知的饮食文化著作,作者是曾感慨"苔花如米小,也学牡丹开"的清代才子袁枚,他不仅是诗文方面的"乾隆三大家"之一,还是一位不折不扣的美食大师。

袁枚 1716 年生于杭州,23 岁得中进士后在翰林院任职,26 岁被外放,先后在溧水、江宁等地担任知县。他为官正直,很受百姓爱戴,但因厌恶官场,仕途不顺,于是产生了隐退的念头。33 岁那年,他以需赡养母亲为由辞去官职,购入位于南京小苍山下的隋氏废园,斥资修葺整饬一新,取名"随园",他本人则自号"随园老人""随园主人",过起了"放鹤去寻三岛客,任人来看四时花"的隐居生活。随园文化底蕴深厚,风景雅致,不设围墙,故而吸引了不少文人雅士前来参观拜访,交游酬唱。为方便游览,随园开始向游客提供餐饮美食。袁枚将他 40 多年来收集的饮食资料汇编成册,于乾隆五十七年(1792 年)正式出版了《随园食单》。《随园食单》以随笔形式介绍饮食文化与烹饪方法,内容涉及元、明、清年间流行的 326 种南北菜肴饭点、名茶美酒,是我国著名的美食宝典。

韩国与我国地理位置相近,文化相似,饮食方面受我国影响颇多。《随园食单》成书之后也传到了韩国,与《齐民要术》《饮膳正要》《神隐志》《居家必用事类全集》《遵生八笺》等被并称为对韩国饮食文化影响最大的中国古代书籍。今天,《随园食单》虽已有两百多岁"高龄",但它在韩国的流行似乎才刚刚开始。

2015 年,韩国培花女子大学的申桂淑教授第一次将《随园食单》译成韩文出版。她精通中文和烹饪,20 世纪 90 年代在上海学习中餐烹饪时,曾从同学处得赠《随园食单》一书,遂奉为至宝,爱不释手,后经十余年的潜心研究与积

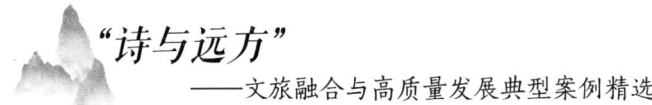

累，终于出版了该书的韩文版。韩文版一经面世，便得到了韩国餐饮界、媒体及中餐爱好者的广泛关注，申桂淑教授本人也应邀参加多档电视节目，成了公众人物。此外，值得关注的是，2022年6月《随园食单》被再次翻译成韩文出版，此次的译者是朴相水，韩文书名为"中国饮食知味房"。韩国近年来两译《随园食单》，学界、业界及社会对该书与中餐的关注程度，由此可见一斑。

随着《随园食单》的译介与传播，首尔等地开始出现与之相关的特色餐厅。申桂淑教授也在首尔闹市区经营着一家"随园食单特色中餐厅"。该餐厅从装修风格、器物摆设、餐具特征等方面力求营造中国清代特色，菜单显示中韩两种名称，蒸鸭、东坡肉、糯米藕、王太守八宝豆腐、粉蒸肉、八宝肉圆等《随园食单》的菜名赫然在列，且价格不菲。例如，蒸鸭、东坡肉、糯米藕售价分别为人民币1000元、480元、80元。尽管如此，此处的客人依然络绎不绝，用餐必须提前预订。另外，对食用"随园食单特色菜品"的消费者，店里还会赠送文化讲座门票，由厨师或其他工作人员对有关的文化知识进行讲解。该店消费者以五六十岁的中老年人居多，且男性多于女性，网上点评显示：饭菜味道好，菜品独特，适合有纪念意义的日子前往用餐。对于菜品味道，有消费者评价：清淡不油腻，是用上等材料制作的健康美食。

前些年提起中餐，更多韩国人想到的是"满汉全席"，因为它代表着物质上的丰盛。今天，《随园食单》这本文人厨者的美食宝典则带着浓厚的文化内涵，用清淡雅致的江南味道征服着韩国人的味蕾。它的作者袁枚也许不会想到，两百多年后的今天，《随园食单》非但没有过时，还漂洋过海，收获了众多的"亚洲粉丝"。

点评

《随园食单》反映了清代乾隆年间江浙地区饮食状况与烹饪技术之大概，体现了作者对于饮食文化的独有情怀，其影响深远而广泛，在中国烹饪史上占有重要地位。作者是文章高手，研究的是美食，撰写的却是美文。

　　文化的传播有多种途径，特别是美食文化的传播更容易让人接受。通过品尝美食的方式，人们可以更深入地了解和接受各国、各地的文化。为此，我们可以将他国的美食文化引到中国来，例如，青田华侨就在丽水青田开了许多的咖啡厅、西餐厅；也可以把中国的饮食文化传到国外，例如，美国、澳大利亚等国的唐人街所开设的中餐厅，同样可以向外国友人展示和宣传中国美食文化。20世纪90年代，来中国旅行的东南亚旅行团其游览内容就包含品尝江南美食，杭州、苏州、上海、南京等地的风味小吃和点心都被设计在常规的旅游线路中，既让旅游者品尝到了中国美食，又让旅游者进一步了解了各地的不同文化。这也可以算得上是一种行走的美味。

　　美食正在不断地丰富我们的生活，生活不能没有美味的滋润。目前，旅行社所承接的疗休养、团建等团体，甚至是普通的旅游团，都应该在各地风味上下功夫。"诗画浙江，百县千碗"旅游美食推广系列活动就是一个非常好的案例。各地不但要做好美食，还要讲好美食故事，甚至还要将餐厅打造成与美食有关联的场景，如宋韵文化主题餐厅等。

　　好的味道总会四散开来，而文化如风，能将美味带到更远的远方。

第二章
多旅游场景下的文旅融合，让旅游业态更多元化

第二章
多旅游场景下的文旅融合，让旅游业态更多元化

我国旅游市场在持续繁荣的同时，也呈现出多元化发展的趋势，传统的山水景观游已经难以满足游客的旅游需求，因此旅游者定义旅游业的情景催生出了许多旅游新业态。

"诗与远方"成为当代人的新宠，寻找"根"和"乡愁"成为热点，乡村旅游随之成为旅游业中的新亮点，越来越多的乡村被开发为旅游景点，许多具有地方地域特色的著名乡村涌现了出来。2024年联合国旅游组织公布的"最佳旅游乡村"名单中，云南阿者科村、福建官洋村、湖南十八洞村、四川桃坪村、安徽小岗村、浙江溪头村、山东烟墩角村7个乡村入选，我国是本届入选最多的国家。加上2021年入选的浙江余村、安徽西递村和2022年入选的广西大寨村、重庆荆竹村，以及2023年的江西篁岭村、浙江下姜村、甘肃扎尕那村和陕西朱家湾村，我国入选总数达到15个，位列世界第一。

旅游产品的形式从传统观光游为主转移到"旅游+"服务，即旅游服务融合渗透到文化、教育、农业、生态、体育等多产业领域，能适应高品质旅游新业态的需求，如红色旅游、研学旅行、乡村旅游、医疗旅游、体育旅游、工业旅游、遗产旅游、康养旅游、特色小镇游等。这些接待专项旅游的从业人员不仅需要具备传统从业人员应有的专业知识和服务技能，还需要有开展各类专项旅游活动的跨专业知识和技能。这些变化对旅游企业的经营和管理提出了更高的要求，也让游客享受到了更多元、更丰富的旅游体验，从而提升整个旅游行业的文化性、专业性和综合性。

本章将从5个维度探讨多旅游场景下的文旅融合，旨在丰富旅游业态的多样性。第一，旅游演艺作为文旅融合的重要载体，不仅拓宽了文化传播的渠道，还提升了旅游的观赏性与互动性，成为文化与旅游结合的亮点。第二，以茶文化为核心，推动一二三产业协同发展，将非物质文化遗产融入现代生活，倡导茶文化特色的生活方式，助力茶文旅产业的高质量发展，并推动中华茶文化走向全球。第三，深入挖掘都市旅游的文化内涵与外延，展现文旅融合的新生态，赋予城市

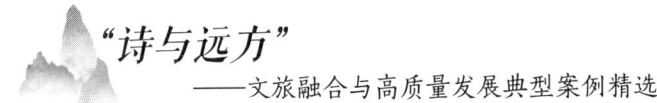

旅游更深的文化底蕴。第四，乡村旅游、红色旅游、康养旅游等多业态的兴起，以及露营等新兴元素的融入，为乡村旅游注入了新活力，助力其振兴与发展。第五，以主题民宿和酒店为切入点，将其打造为"微旅游目的地"，让游客在慢生活体验中感受"文化+X"的创新理念，赋予中国民宿和酒店独特的经营特色与文化故事。

一、杭州，一个适合作"秀"的旅游目的地城市

杭州是一个典型的旅游目的地城市，天生适合作"秀"，"秀"天下美景，"秀"人文历史，"秀"民俗风情，"秀"出杭州肌肉与魅力的，还有文化的、旅游的、审美的杭州旅游演艺。一个旅游目的地城市，总有那么几场旅游演艺"秀"，杭州也不例外，而且杭州的旅游演艺名声在外，"秀"名远扬。一个没有时节限制的旅游城市，旅游演艺"秀"场就像血脉一样深嵌在城市旅游的律动中。杭州的旅游演艺品牌"秀"和"秀"品牌，给这个城市烙上了深深的人文气息和文化记忆。

赏一台"秀"，阅一座城。杭州的"秀"不止一台，本土与移植，是杭州旅游演艺"秀"的两条主线，也是打开美丽杭州的主要"秀"方式。题材是本土的，创意是本土的，技术团队是本土的，《宋城千古情》就是这样的；外来移植的，一样的本土题材，一样的本土创意，但核心团队是借来的，如张艺谋团队和他们推出的《印象·西湖》。本土的，还是移植的，只是杭州旅游演艺"秀"的手段，他们的"秀"立场没有高低，只要围绕宣扬杭州、塑造杭州形象就是杭州的"秀"。《宋城千古情》依然可以独领风骚，票房占据中国旅游演艺半壁江山；《印象·西湖》横扫天下，最终在G20杭州峰会成功升级的《最忆是杭州》，尽展中国的大国风采。杭州旅游的演艺"秀"，有的就是这么一个高度。

但杭州的"秀"，还有温度。温度来自旅游演艺"秀"的文化内涵。《宋城

《千古情》的地方特色和深厚文化积淀，杭州文化最精髓的根和魂，赋予《宋城千古情》持久的生命力。《良渚之光》里古越先民的劳作生息，《宋宫宴舞》中南宋王朝的如烟繁华，《金戈铁马》间岳飞抗金的慷慨激昂，《西子传说》里感人至深的梁祝传说……杭州历史典故、民间传说和西湖人文景观深度汇融，每一个篇章都以多种表演艺术元素诠释着杭州的前世今生，再现了一个个缠绵迷离的美丽传说，一段段气贯长虹的悲壮故事，一场场盛况空前的皇宫庆典，一出出欢天喜地的繁荣景象。《印象西湖·最忆是杭州》更是以饱蘸千年墨笔的诗意表达，演绎杭州文化乃至中华文化的灵性。中国十大古典名曲《春江花月夜》主奏琵琶的轻拢慢捻嘈嘈切切，与杭州最有代表性的民间小调《采茶舞曲》水乳交融。从小提琴协奏曲到越剧《十八相送》，从中国古典舞到交响乐与合唱谱就的《化蝶》，从最具中国气韵的古琴曲《高山流水》到《天鹅湖》的经典舞蹈，从具有典型江南音乐特点的《彩云追月》到《难忘茉莉花》的中国情怀与对茉莉花丰富的理解和表达，再到《欢乐颂》的经典合唱与数百名演员的表演，都传达出了真正意义的中国气派、世界大同。"江南忆，最忆是杭州"，这是一首对西湖的情、杭州的爱诉诸笔尖、唱在心头的全新的主题曲目。殊途同归，《宋城千古情》也好，《印象西湖·最忆是杭州》也罢，它们同时奏响的，是杭州旅游演艺"秀"心中对杭州、对杭州文化精神带着温度的精彩华章。

如果说《印象西湖·最忆是杭州》是张艺谋"铁三角"团队自《印象·刘三姐》以来落地杭州西湖的力作佳制，是外来模式复制移植在杭州的一面彩旗，那么诞生于杭州的《宋城千古情》的模式输出，则自然显示出杭州旅游演艺"秀"的精神力量和品牌价值。《宋城千古情》不是杭州演艺"秀"的终点，恰恰是宋城演艺"主题公园+文化演艺"的"秀"世界，迈出了走向全国乃至世界的第一步。"千古情"成为一个旅游演艺的系列，在全国各地落地生根，如《吴越千古情》《三亚千古情》《丽江千古情》《阿诗玛千古情》《九寨千古情》《泰安千古情》《武夷千古情》《张家界千古情》……即使在澳大利亚黄金海岸也有"千古情"的足迹，澳大利亚传奇王国即将呱呱落地。宋城演艺公司成功上市创业板，成为中国旅游演艺第一股。《宋城千古情》与拉斯维加斯的 O 秀、巴黎红磨坊并称"世界三大名秀"。

"一台戏"正在逐渐演变成一个产业。杭州，是一个出神入化的能让演艺"秀"转化成为旅游资源的神奇地方。

点评

从 1982 年西安的《仿唐乐舞》，到 2003 年阳朔的《印象·刘三姐》，再到 G20 峰会的《最忆是杭州》，至今全国各省已经有近 400 台大型演艺作品，形成了"千古情""印象""山水盛典"三大国内旅游演艺系列。可以说，旅游演艺是文旅融合最好的载体，杭州是一个善于开展旅游演艺的地方，《宋城千古情》开创了"主题公园 – 文化演艺"的模式并在全国各地复制，其他大大小小的演艺产品也彰显了各自的特色，各领风骚。杭州引领了旅游演艺的潮流。

杭州的旅游演艺"秀"，"秀"出了高度，"秀"出了温度，也"秀"出了推进的力度。在杭州旅游演艺的版图上，旅游演艺的数量和种类飞速发展。本土的如千岛湖的剧场演出《水之灵》、新安江江中沉浸式实景演出《江清月近人》等。外部输入的有太阳马戏与杭州新天地集团合作推出的亚洲唯一驻场秀《X 绮幻之境》太阳马戏。它的引入，袒露了杭州旅游演艺"秀"入世界潮流的姿态。杭州的肚量，恰好能使本土与移植产生合力，几股能量的汇合，使杭州旅游演艺运作得更应景和潇洒。

二、循古诗雅韵，踏山川绮程

丹桂飘香的秋日，有幸陪同一个来自台湾的旅游团，沿着上天竺步行到灵隐。我身着长袍，戴着眼镜，扮相好像来自民国时期的教书先生，面带微笑地与随行的游客交流着,娓娓地讲着杭州的故事和传说,抑扬顿挫地吟诵着关于杭州的诗歌。我目光淡定、从容自如、舌灿莲花的讲述,深深地吸引了同行的客人们,并引得周围的游客频频回首。

为什么我是这样的装束呢?原来这个旅行团与一般的旅行团不太一样。这个团的名称是"跟着董事长游祖国"。线路从台北到上海、苏州,经安吉再到杭州,最后从上海返回台北。虽说线路并没有延及全中国,只是涵盖了华东的几个城市,但线路中旅游项目的安排却完全与众不同。台湾领队带着骄傲的口气说:"我们公司的团是很注重人文的,我们去一个地方不仅仅要游山玩水,还要深入领略当地最有特色的文化。"他们这一次来杭州只有3个项目,到天竺三寺听教授授课,观看"最忆是杭州"演出,乘西湖摇橹船(有乐师演奏)。配合这3个项目,我的讲解重点选择了三首诗歌:北宋诗僧道潜的《中天竺》,唐朝白居易的《忆江南》,北宋苏轼的《饮湖上初晴后雨》。

"夕阳山气蔼葱葱,路转松阴复几重。行过石桥人未见,数声先听寺楼钟。"从法喜寺中出来,踏上了山边的小路,在绿树的掩映下,我们一行朝着灵隐方向前行。此时正值午后,路上行人稀少,非常安静,我们只能听到脚步的声音。伴随着我的讲解,大家看着在绿树掩映下偶尔露出的寺庙的黄色围墙,耳中隐约还能听到千年前寺庙钟声的回响,一时竟不知自己身在何时。

行到中天竺,大家在法镜寺门口的亭子边驻足休息,团友们听我讲解白居易在晚年旅居杭州的时候,感叹江南美景,写下的《忆江南》。当耳熟能详的诗句"江南忆,最忆是杭州。山寺月中寻桂子,郡亭枕上看潮头,何日更重游"在耳边萦绕时,随行的客人们禁不住跟着低声吟诵。虽然是熟悉的诗句,可是听着白居易的生平介绍和他在杭州的故事,大家还是露出了向往的神情。

面对青山而立,青山的那一边就是闻名世界的西湖了。唐宋以来,文人雅士都将西湖视作人间至境,在杭州留下无以计数的诗、词、书、画、篆刻等文学艺术作品,许多成为千古绝唱。有关西湖的诗句数不胜数,然而对于西湖的赞美莫过于苏轼的那句"欲把西湖比西子，淡妆浓抹总相宜"。发生在西湖上的故事从古至今让人津津乐道，白娘子与许仙、梁山伯与祝英台，妇孺皆知；刚刚过去的G20峰会也引起世界的瞩目。杭州，就像苏轼笔下的西湖风光，无论时光和岁月如何变迁，始终焕发着独特的魅力。

离开法净寺，前面就是灵隐了，虽然与团友们在一起的时间仅仅不到一个小时，但团员们却与我争相合影留念，还不忘用新学的杭州方言讲着"谢谢你！""再会！"欢声笑语飘荡开去，惊落了一树的桂花雨。

点评

受客观因素所限，我们不可能保证每一次的旅行都是深度游。别除快餐式、打卡式旅游当道的现象，也并非一次两次的"深度游"就能解决。旅游的关键，在于我们究竟想"得"什么。简言之，一个人的文化意识，才是决定旅游体验感的至关因素。正如欣赏一首乐曲，在了解了作品的背景、风格等信息后再听，融入音乐的"代入感"往往会更强，学到的也会更多，旅游就当如此。

在中国，因特殊的国情，旅游业发展是先从入境游起步的。文旅融合的当下，如何让入境游客充分感受中国文化，这是相关线路设计者亟须考虑的因素。案例中，中青旅浙江公司国际旅游中心与台湾旅行社合作推出的"跟着董事长游中国"这条特殊旅游线路，其行程含诸如上海和平饭店欣赏爵士音乐、杭州西湖摇橹船上赏乐师表演等特色旅游项目，这种极具文旅融合元素的旅游线路，非常值得借鉴。

三、茶香浸润的杭州，将文旅融合的千年故事娓娓道来

历经沧海桑田，温婉、灵动、秀美的茶文化已成为杭州的文化坐标，杭州的气质与茶的清雅相得益彰。

第二章
多旅游场景下的文旅融合，让旅游业态更多元化

"茶为国饮，杭为茶都"，在龙坞茶镇得到了最鲜活的诠释。在杭州这座城市的文化基因里，茶香始终如云雾缭绕，自唐代起便氤氲在陆羽《茶经》的字里行间，"杭州临安、於潜二县（茶）生天目山，与舒州同；钱塘（茶）生天竺、灵隐二寺。"这句话也印证了这座古城与茶的不解之缘。及至南宋，杭州的茶事更臻鼎盛：御街茶坊鳞次栉比，寺院茶禅一味，宫廷点茶成礼，形成了层次分明的茶文化体系。其中，径山寺独创的茶宴仪轨，将禅意与茶道完美融合，不仅成为日本茶道的源头，更让杭州的茶香穿越时空，远播海外。这段辉煌的茶文化发展史，为今日"杭为茶都"的美誉奠定了深厚根基。

这座被茶汤浸润的城市，将自然山水与人文情怀熔铸于杯盏之间，品茗也逐渐成为杭州人的时尚追求。作为雅集文化中不可或缺的角色，茶在百姓生活中起到修身养性的作用。在历史的长河之中，在杭州的茶香记忆里，有白居易葛根、藤花、青芥、红姜等山野果蔬相伴的自然之饮（白居易《招韬光禅师》）；有陆游在孩儿巷"小楼一夜听春雨，深巷明朝卖杏花"情境下，"晴窗细乳戏分茶"的那盏茶汤（《临安春雨初霁》）；有"从来佳茗似佳人"的审美意象升华（苏轼《次韵曹辅寄壑源试焙新茶》）；有"天风吹醉客，乘兴过山家，云泛龙沙水，春分石上花"的龙井试茶（高应冕《龙井试茶》）……

2020年12月26日至27日，一年一度的茶界盛会——第七届中华茶奥会在杭州西湖区龙坞茶镇举行，这是我国首个以事茶为主题，以茶人（茶企）为主角的奥林匹克式的赛事活动盛会。此次茶奥会以"科技、品质、人文、活力、时尚"为主题，以"传承、创新、融合、共享"为理念，以"开放性、丰富性、规范性、权威性、圆满性"为目标，旨在使茶成为民生之福、时尚之饮、文化之承、融合之美的最佳代言，营造和谐共赢、美美与共的"六茶共舞"氛围，让中国茶的魅力影响世界。此外，活动还通过融媒体平台实现了数字化互动体验，全面展示了茶科技、茶品质、茶人文、茶活力和茶时尚的多元魅力，吸引了来自全国各地的300多名选手参与。这场茶奥会打破时空界限，以"线上+线下"的双

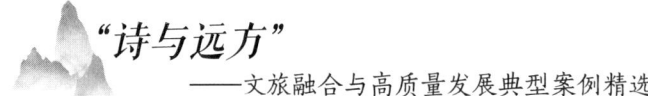

轨模式打造了一场沉浸式茶文化盛宴。茶,作为生态之美、时尚之饮、文化之韵和文旅融合的象征,再次展现了其独特的魅力。

当历史茶香遇见现代活力,龙坞茶镇成为传统与现代交融的典范。2017年首届中国国际茶业博览会48国茶商云集的盛况,永久落户的茶博会与茶叶博物馆构筑起文化枢纽。2020年第七届中华茶奥会更以科技赋能传统,"仿宋茗战"与"人机大战"同台竞技,数字化体验让千年茶道焕发新生。

杭州的茶,是生活的。因为茶,杭州人的生活更加淡定从容。西湖龙井萌芽的喜悦,茶田的晨雾鸟鸣,坐拥湖山看云起云落的娴雅……全都映照在一杯茶汤之中。有朋自远方来,喝(吃)茶去,是杭州人待人接物的一种方式,也呈给朋友温馨和暖意。杭州的茶,亦是创新的、时尚的。茶人的匠心与深耕,孕育出杭州茶文化的典雅风范、时尚气质;坐落于古街小巷或山水之中的茶空间,进行着关于茶无限可能性的发现与呈现,诠释着当代茶人的智慧,以及对美好生活的理解。茶非茶,是人与禅的连接。案上莳花,花非花,是人与美的共识。席间观器,器非器,是人与境的共情。结友赏艺,艺非艺,是人与万物生机的共鸣。

从西湖之滨到钱塘江畔,杭州正以茶为媒书写文旅新篇。当国际客商在茶博会上品鉴东方树叶,当年轻人在茶网红赛事中创造潮流,这座茶都正在将历史记忆转化为未来叙事,让千年的茶香飘向更远的时空。

点评

"江南忆,最忆是杭州""地有湖山美,东南第一州"……谈及杭州,古往今来,有无数的经典语句表达了人们对于这座城市的喜爱。其中,杭州的众多名茶各具独特的品质风格也是其中的原因之一。例如,西湖龙井以"色绿、香郁、味甘、形美"四绝名誉中外,其外形似碗钉,色泽翠绿或带糙米色,鲜活而油润,香气鲜爽持久,滋味甘鲜可口,叶底黄绿,嫩匀成朵;径山茶外形细嫩,紧结显毫,色泽绿翠,滋味爽口,汤色嫩绿,叶底细嫩;千岛玉叶外形条直扁平,挺似玉叶，芽壮显毫，滋味醇厚耐泡，汤色明亮，叶底厚实均匀；等等。

杭州作为众多名茶的发源地，自古以来就有很多关于茶的传说，如"十八棵御茶"的传说、"龙井"之名由来的传说等。

杭州的名茶还与众多的名人留下了不少逸事佳话。从"君不可一日无茶"的乾隆皇帝到毛泽东、周恩来、邓小平等老一辈革命家，再到美国总统尼克松、朝鲜首相金日成、日本首相田中角荣、英国女王伊丽莎白、法国总统蓬皮杜等都与龙井茶有着深厚的渊源。

这些典故、逸事是世界各地旅游者来杭州旅游时不可缺少的认知，增加了实体性景观的文化内涵和趣味性，与当今的文旅融合相得益彰。杭州的茶香，丰富着杭州的味道，定能将文旅融合进行到底。

四、"景"上添花，让酒店打开"文化之窗"

海宁之名，寓"海洪宁静、海涛宁谧"之意。其"潮文化、名人文化、灯文化"独具特色，已成功举办三十届钱江（海宁）观潮节，央视直播钱江潮达15次，奔腾不息的钱江潮铸就了"敬业奉献、猛进如潮"的海宁精神。这里走出了数学家李善兰、国学大师王国维、军事理论家蒋百里、新月派诗人徐志摩、书法家张宗祥、红学家吴世昌、电影艺术家史东山、实业家查济民、小说家金庸等百余位"影响中国的海宁人"，并成功举办金庸诞辰百年系列活动。海宁拥有非物质文化遗产121项，其中硖石灯彩、海宁皮影戏、潮神祭祀3项为国家级。

2016年海宁大手笔引进浙江大学国际联合学院（海宁国际校区），该学院是浙江大学七个校区之一，实行"以我为主、一对多、高水平"的国际合作办学模式，与国际综合排名或单一学科排名居于前列的世界著名大学或一流学科开展合作，为加快建设"名校名城共融互促"的杭州湾北翼科创枢纽献计献策。开业于2017年的海宁浙大圆正国际酒店是浙大国际校区的国际学术交流中心和西区书院,也是一家为服务高校教育和学术而生的酒店。近日,该酒店举办了一场"金庸诗词韵·浙大探学行"书院文化暑期实践活动,结合浙大名人文化、非遗传统工艺及浙大校园文化,为参加活动的学生们提供了一堂别开生面的沉浸式书院文化体验课。

主题活动在《香港赋》的朗诵声中拉开帷幕,这是金庸先生为庆祝香港回归十周年而作的。意气风发、壮志满怀的文字仿佛让学生们穿越时空,置身于那个激动人心的时刻。铿锵有力却饱含深情的朗诵声,仿佛在诉说香港从一个渔村发展到国际大都会的辉煌历程。随着朗诵的深入,现场的气氛愈发热烈,学生们被这股力量感染着,心中涌动着对祖国的热爱和对未来的憧憬。

随后,老师结合绘本,将金庸先生的少时趣事娓娓道来。老师讲得入情,学生们听得入迷,金庸先生青少年时期在海宁生活成长、求学求知等人生历程深深地印在了孩子们的脑海中。大家共同深入探讨了金庸先生的《香港赋》。这部作品不仅展现了金庸先生深厚的文学功底,还巧妙地融入了他对香港这片土地的深情厚谊。随后,话题自然而然地转向了金庸先生与浙江大学之间的深厚渊源。学生们了解到,金庸先生不仅是一位杰出的作家,还曾担任过浙江大学的教授,对学术界产生过深远的影响。随后讨论的范围进一步扩展至海宁籍文化名人,如徐志摩、蒋百里等。活动不仅让学生们更加深入地了解了金庸先生及其作品,还让他们对中国现代文化史上的重要人物有了更为全面的认知。

当天,学生们还体验了制作非遗手工——雕版拓印,参观了浙大国际校区。通过参观浙大国际校区的历史文化展厅,大家进一步了解了厚重的浙大历史,也领略了百年浙大的辉煌,他们一同许下了"浙大之约"。

点评

文化主题是一家主题酒店经营过程中,产品打造、服务设计、场景布置和经营行为的中心思想,是经营管理的核心与灵魂,也是酒店的形象与气质。文化主题酒店的文化创意设计,就是将文化元素与酒店装饰设计完美融合,打造出带有文化内涵的舒适活动区域,给酒店客人带来良好的居住体验。

案例中,海宁浙大圆正国际酒店举办的"金庸诗词韵·浙大探学行"的书院文化主题活动围绕"宿、食、聚、乐、动"来打造产品,同时活动融入浙大 IP(名人、学术、逸事)+海宁三大特色文化(名人、灯彩、钱江潮),使得酒店的产品具有综合的"浙大书院文化"特色,让宾客获得特有的浙大文化增值服务。

从清朝末年的一间求是书院,发展为如今的世界一流"东方剑桥",海宁浙大圆正国际酒店的"浙大书院文化"实则是浙江大学的文化体现。

海宁浙大圆正国际酒店积极探索"文化+X"的创新发展理念,依托浙江大学的基因及书香文化氛围,利用校园酒店的独特环境,结合海宁的特色文化土壤,主动将这些优势及文化资源与酒店产品、服务进行关联,通过文化赋能,不仅让酒店获得额外的收益与口碑,更让宾客在沉浸式的体验中完成了一场心灵的洗礼和一次精神的升华。正如案例所说的那样,学生们通过活动感受到了"浙大书院文化"的精髓,在内心默默埋下"我要上浙大"的种子,这便是活动的价值所在。

五、文化的创新演绎让酒店业行稳致远

清晨,西湖从薄雾中缓缓醒来。湖面如玉,与垂柳山峦为伴,好不诗意。

晨曦微露,静谧葱翠的金沙溪涧杨公堤岸,一艘画舫缓缓划开水面。日头升起,将湖面连同画舫一道镀上了薄薄的金黄。美丽的新娘着中式嫁衣,亭亭立于水岸,明媚的眼眸遥望远方。水声潺潺,水面渐起涟漪,画舫缓行而来。在众人热切的目光中,新郎走下画舫,迎娶爱人。一路驶过花圃、茅家埠,途经苏堤、三潭印月、平湖秋月。碧波之上,新人携手相望,许下永恒的誓言……粼粼水面,那漾起的圈圈涟漪、点点旋涡舞动着朝霞奏响了一曲爱的圆舞曲。

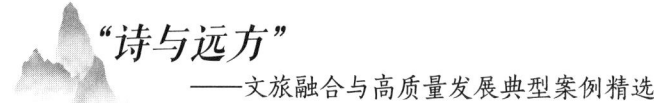

这是杭州金溪山庄新近推出的一款传统却不失浪漫的"水上迎亲"服务。这款结合传统婚俗与现代旅游体验的产品，为新人提供了一种别具一格的婚礼形式，一经推出便广受好评。

开业近30年来，金溪山庄始终致力于追求高质量且可持续的发展策略，敏锐洞察市场需求，持续增强文化内涵和产品创新力，打造"可居可游"的住宿体验。特别是近年来，山庄专注于挖掘国风宋韵精髓，深入探索西湖文化深厚底蕴，并将自然美景与人文风情巧妙地融入产品和服务的设计之中，取得了显著成效。尤其值得一提的是，酒店充分利用通航西湖的地理优势，紧抓婚庆市场消费趋势，对金溪婚典产品进行优化、完善，打造了一系列极具"金溪"特色和幸福感的婚礼服务项目。"画舫接亲游湖"服务和金溪别业婚典优惠套餐便是代表之作，金溪婚典项目的推出，让酒店年销售额平均增长了约10%。

与此同时，酒店还围绕江南园林建筑特色，打造了"庭院悠悠美拍"等项目，为新人提供了别具一格的婚礼体验，项目还吸引了众多摄影爱好者和游客前来参观。这些创新之举，不仅丰富了婚庆服务的内容，还提升了整个酒店的文化氛围和艺术气息，成为吸引顾客的重要因素。此外，酒店还注重结合当地文化，通过举办各类文化活动和节庆，如传统节日庆典、艺术展览等，进一步增强了游客的参与感和归属感。

点评

凯恩斯认为："一旦社会经济发展达到一定水平，消费的效用将取代实用的效用。"随着社会经济的发展，人类消费将呈现出一种趋势，即体验感比实际所得更为重要。在中国居民消费水平上升的基础上，整体的消费趋势开始从有用的商品消费转向体验驱动的服务消费。

2024年的世界知识产权大会在杭州召开，杭州新侨饭店作为接待饭店之一，以精致的美食、美点和专业细致的服务，向来自世界各地的宾客展现了老字号的独特魅力。

近年，新侨通过推出主题下午茶、露台BBQ、围炉煮茶及"杭城One Table"品牌和"新侨·有意思书房"等一系列创新，让其在擦亮"政务接待"这块金字招牌的同时，解锁了更多可能性。另外，杭州千禧度假酒店推出的宠物友好草坪婚礼服务、扉缦酒店内主打健康生活的饮食陈列区、庐境西溪酒店打造的柿子文化非遗手工体验课……在"差异化"大行其道的当下，杭州的酒店业可谓将"差异化"贯彻到底。

作为现代服务业的关键领域，酒店业正成为展现城市文化与服务品质的重要窗口。除了提供住宿，酒店更要深入挖掘本地特色文化，结合现代消费需求，将自身打造成为住客体验当地生活方式的平台。

案例中，颇受青睐的"游船接亲"不仅是一场婚礼，更是一次难忘的文化之旅。金溪山庄以"旅游+婚庆""旅游+会务""旅游+节庆"等组合，打造了一系列特色旅游产品，这些创新之举为住客提供了丰富的文化体验，也为行业发展注入了新的活力，其独特的服务模式和产品创新，为酒店业的可持续发展提供了新的思路和方向。

六、酒店产品中展示文化创意的IP：草坪婚礼

晨曦的第一缕阳光穿透层层树影，洒落在露珠闪烁的草坪上。远山轮廓分明，和风轻拂，空气中弥漫着泥土和野花的芬芳，微风轻掠树叶，编织出一曲轻柔的旋律。位于杭州西湖九溪景区的杭州千禧度假酒店，远离都市的喧嚣，仿佛置身一片宁静绿洲之中。这里，一场充满自然气息的婚礼即将上演，宛如童话故事中的一幕。

这片草坪承载的不只是自然的恩赐，更是爱的誓言与期许。拱门之下，藤蔓缠绕，花团锦簇。满天星与野玫瑰交相辉映，宛如璀璨星河，铺就一场如梦似幻

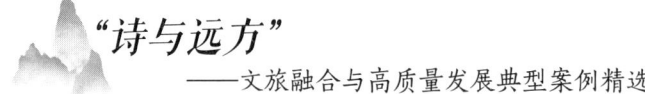

的仪式。场地中木质长椅整齐排开,宾客们衣着隆重,谈笑风生,目光中满是期待。林间鸟鸣婉转动人,琴声悠扬,时光仿佛凝固在这一刻,岁月静好,天地无言。

新娘缓缓而来,步履轻盈,衣袂飘飘。一袭薄纱长裙,清新脱俗,裙摆绣着细致的藤蔓花纹,与自然融为一体。她头戴花环,眉眼间洋溢着幸福的光芒。拱门之下,新郎目光深情,神色笃定,等待着新娘的到来。山高水长,情深意切,在这片天地间,新人的誓言字字珠玑,掷地有声。"我愿意"三个字,蕴含千言万语,温暖了这片草坪,也感动了在场的每一颗心。

仪式结束后,席间觥筹交错,欢声笑语此起彼伏。长桌上陈列着精致的西式佳肴与甜品,前菜部分有烟熏三文鱼搭配新鲜沙拉,点缀柠檬片与香草酱,清新怡人。主菜包括精心烤制的牛排与迷迭香烤鸡,配上奶油土豆泥与时令蔬菜,展现出浓郁的西式风味。甜点则是细腻的提拉米苏、马卡龙和巧克力慕斯,色彩缤纷,令人垂涎。每道菜品都配以精心挑选的红酒或香槟,孩子们追逐嬉戏,笑声宛若银铃,弥漫在空气中。新人在欢呼声中共切蛋糕,甜蜜满满,恩爱有加,仿佛是大自然为这场婚礼精心准备的馈赠。

傍晚时分,灯火阑珊,星光点点,草坪如梦如幻。挂满灯串的树下,新郎新娘翩翩起舞,身影交织,温情脉脉。篝火燃起,木香弥漫,人们围坐一旁,歌声欢快,气氛融洽。远处山风拂过,松涛阵阵,仿佛也在为新人低声祝福。

杭州千禧度假酒店的森系草坪婚礼,以自然为背景,融合了原生态的美学与浪漫的仪式感,将人与自然的和谐共处表现得淋漓尽致。这种婚礼风格脱离了烦琐与奢华,以清新脱俗的设计和恬静柔美的氛围,给人一种返璞归真的感动。无论是宾客还是新人,置身这样的婚礼,都能感受到一份来自心底的平和与喜悦。

点评

酒店产业不仅属于消费服务业,同样也是文化创意产业的一部分。从酒店的公共大堂、客房、会议室，到餐饮的陈设布置，再到户外的草坪，每一处空间都有潜力成为文化的展示窗口。此外，酒店举办的各类节庆活动（如草坪婚礼）、文艺演出及非物质文化遗产的展示，都是文化内涵的重要体现。以杭州千禧度假酒店为例，该酒店巧妙地结合了周边景区的地理特色，并充分利用了酒店内1000平方米的草坪资源。为紧随婚庆市场消费趋势，酒店对"九禧拾美"婚礼产品进行了优化与完善，打造了一系列具有"九溪"特色、充满幸福感的中西式婚礼体验服务项目。其推出的"森系草坪婚礼"优惠套餐，有效促进了酒店年销售额的稳步增长。

杭州千禧度假酒店在开发文化 IP 和加强文创产品体系建设方面，既面临挑战也抓住了机遇。无论是商务出行还是休闲度假，酒店始终是旅程中至关重要的一环。酒店不仅提供舒适的住宿环境，还致力于让每位宾客感受到与大自然的紧密联系。特别值得一提的是，酒店新推出的露营庭院风格房型，将城市绿洲中的露营风情与庭院野趣完美结合。在这里，住客可以体验一场无须远行的"城市露营"之旅。这为长期居住在都市的旅行者提供了一个心灵的避风港。这正是在文旅融合的背景下，酒店服务产品创新的一个成功案例。通过将自然元素与都市生活相结合，酒店不仅提升了自身的市场竞争力，也为宾客带来了独特的文化体验。这种创新模式不仅满足了现代人对回归自然的渴望，还推动了旅游产业的多元化发展。

爆款文化 IP 拥有强大的吸粉能力。期待越来越多的酒店能够拓展培育文化 IP 的途径，打造具有影响力的公众号，培养忠实的粉丝群体，提升文创产品的盈利能力，从而让文旅融合的发展之路走得更加长远。

七、"露营+"产品助力乡村旅游振兴

随着现代人们生活压力的不断增加，接触大自然的需求明显增长，天为幕地

为席，户外露营由此应运而生，迅速成为一种健康环保潮流的生活度假方式。与此同时，休闲观光农业与乡村旅游经济在中国大地上发展得如火如荼，各具特色的美丽乡村不断涌现。乡村旅游正是以旅游度假为宗旨，以村庄野外为空间，以人文无干扰、生态无破坏、以游居和野行为特色的村野旅游形式。美丽乡村正好符合露营者对露营环境的追求，如果同时具备相对完善的配套设施及服务，则可为露营提供更为广阔的舞台。

杭州萧山临浦横一村就是一个这样的村落。600多年前，一群先祖把方顶柿带到临浦，并逐渐将这片高山洼地变成了结构完整的"山水林田湖"生态系统，钻研出了一套以"柿—茶"复合栽培为主的综合种养模式，形成了"梅里古柿林复合栽培系统"农业文化遗产。这片千余棵百年古柿林，是浙江省现存规模较大的古柿树群落，既是大自然赐予的生态景观，也是老祖宗给横一村留下的宝贵生态遗产。金秋时节，红彤彤的柿子挂上树梢，更是饱含着"柿柿如意"的美好寓意。每年的柿子节，游客纷至沓来，在古柿子树下欣赏美景，带着孩子在金色的稻田里奔跑。说起稻田，横一村拥有全萧山区面积最大的连片稻田，共约2000亩，是"非粮化"整治后，最具代表性的"萧山粮仓"。这一大片稻田既是当地农民耕种的土地、经济的来源，现如今经过整体的规划与改造及数字化建设的加持，被赋予了更多的附加值。它既是公园，也是运动跑道，同时还是孩子们的大地课堂，被命名为"萧山未来大地、乡村郊野公园"。

现在的萧山横一村颠覆了游客以往对传统农村的认识——这里除了广袤的稻田，还有柿子林、咖啡馆、研学中心，稻田里开起了小火车，养鸭池上建着咖啡馆。这样一个美丽乡村，既有百年的柿子文化、稻米文化，又进行了整体的现代化构建，传统与现代、古朴与潮流在这里实现了有机的融合，无论是成人还是孩子都可以在自由自在的乡野中获取身心的愉悦。

横一村的发展变化吸引了一直关注市场需求变化致力于转型发展的旅行社的关注。2022年金秋丰收时节，杭州海外旅游有限公司开始在横一村搭建运营"吉柿营地",百年古柿林下出现了一个个天幕和帐篷,重新焕发了新的生机。

11月5日,一场别开生面的"秋日趣游会"在横一村举行。游客可以拥抱金色稻田,邂逅鸭棚咖啡,去"嗨星球大本营"DIY独一无二的礼物,在星空树屋留下美丽倩影,最后在"吉柿营地"品美食,享受乡村慢生活。杭州海外旅游有限公司将横一村里的各个特色亮点通过趣游打卡的形式串联到了一起,游客们一边饶有趣味地做任务,一边通过完成打卡任务深入地感受到了美丽新农村的巨大变化。夜幕降临,"吉柿营地"的十多顶帐篷亮起了点点灯光,与天上的星星交相辉映,如电影场景般浪漫。此时的吉柿CAMP不仅有美食,还有动人的歌声相伴、精彩的抽奖助兴,整场趣游会被推向了高潮。

对于一家老牌的品质成熟的旅行社来说,运营露营营地不仅仅是选一块草坪、搭一顶帐篷的简单生意,而是如何将露营和户外休闲娱乐、运动、观光、研学、社交等相结合的命题。

点评

前不久,国家体育总局等八部门共同印发了《户外运动产业发展规划(2022—2025年)》,该规划大篇幅提及"露营",明确提出优化露营产品供给,满足群众就近就便露营的需求。规划通过积极倡导文明露营,完善规章制度,规范露营市场,以推动露营产业健康可持续发展。

露营业态已成为户外休闲旅游市场中的一大"顶流",并在供需两端表现出强劲的增长势头。携程近日发布的数据显示,2022年新签露营地数量排名前十位的城市分别是广州、北京、杭州、上海、惠州、成都、昆明、深圳、清远、湖州。这些新入局的露营营地呈现出多样化的"露营+"模式:"营地+景区"模式、"营地+田园"模式、"营地+研学"模式、"营地+体育"模式、"营地+乐园"模式等,推动露营从网红风潮发展到成熟市场。

旅行社的优势在于擅长将各种元素进行有机结合,使它们成为一个完整的包

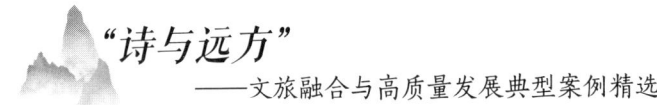

含多元素的产品,并针对不同的目标客户群体,包装不同的"露营+"产品。横一村的百年柿子林、备受关注特别规划构建的"萧山未来大地",这些独有的特色是不可或缺的稀有元素,将这些元素与露营相结合,使得乡村旅游产品更富有趣味性、休闲性和流行性,让露营产品更具文化性、知识性,吸引到更多年龄层次、不同爱好的游客共同参与。杭州海外旅游有限公司期望通过他们的努力,探索出成功的"露营+美丽乡村+"模式,在助力旅行社转型升级的同时,让越来越多的城市人来到这片未来大地上、希望田野中、百年柿林下,助力乡村旅游振兴。

八、浙西文旅康养特色小镇融合发展的标杆

唐宋时期,文人雅士已开创"游以养生"的先河。白居易"药圃茶园为产业"的闲居生活,苏轼"采药游山"的养生实践,都印证了古人将中医药智慧融入山水游赏的雅致生活方式。这种融合药膳调理、温泉疗养与自然游憩的康养传统,历经千年沉淀,在今天焕发新生。在"健康中国"战略引领下,中医药文旅融合呈现蓬勃发展态势。作为这一领域的先行者,杭州市淳安县临岐镇依托"百草之乡"的独特资源,通过"赏中药材基地、品道地药膳、住风情民宿"的个性化旅游线路,吸引着游客们的到来。

临岐自古以"百草"闻名,中药材种植与交易历史可追溯至汉代。《本草纲目》所载的"淳萸肉""淳木瓜"即产于此。如今,临岐拥有400余种中药材,其中"淳六味"道地药材享誉全国,覆盆子、前胡等三味药材入选"新浙八味",淳安覆盆子、白花前胡获得国家农产品地理标志登记证书,"淳覆盆子""淳前胡""淳萸肉""淳半夏""淳木瓜"五味道地药材荣获国家地理标志证明商标。临岐也成为中医药文化的重要承载地。

自神农氏尝百草开创医药先河以来,中药便构成了中医学体系的核心组成部

分。千年药乡临岐，正是孕育新安医学的文化摇篮。考诸史料，临岐作为道地药材的重要原产地，为新安医学的发展奠定了物质基础。唐代以来，新安医学逐渐鼎盛，其中地处新安江流域核心的临岐更成为区域医药发展的典型代表。地方志记载，仅明清两代该地就有37位杏林圣手见诸典籍，足证其医学传承之盛。

来到临岐，游客不妨走进坐落于李时珍广场旁的千岛湖中医药博物馆——淳安唯一一座集中展示新安医药文化与道地药材的展馆。在这里，不仅能深入了解新安医学的千年传承，还能步入馆内的崇德国医馆，体验二十四节气养生调理，感受老中医的深厚医术。与博物馆一街之隔的，是浙西唯一的中药材交易市场，这里汇聚了全国各地的优质药材，从"淳六味"道地药材到参茸燕窝、养生花茶，各类滋补佳品琳琅满目，品质优良，价格亲民，定能满足游客的养生需求。

中医经典《黄帝内经》有云："五谷为养，五果为助，五畜为益，五菜为充"，可见古人早已深谙食疗养生之道。临岐的养生药膳精选本地药食同源食材，顺应四时变化，兼顾色、香、味、形，更注重营养搭配。其中，十大养生药膳尤为经典，如天麻鱼头浓汤、黄精猪手、覆盆子金牛鸭、虫草鸽子肚等，每一道都令人回味无穷。而最值得称道的，莫过于淳味十全养生暖锅。临岐"暖碗"已有千年历史，传统做法以萝卜、豆腐、五花肉、海带层层叠煮，佐以淳安辣酱提味。如今，这道暖锅升级为养生佳肴，精选鸡肉、鱼肚、绣球菇等食材，搭配黄精、萸肉、覆盆子等药材，既保留了传统风味，又增添了滋补功效，堪称舌尖上的养生盛宴。

在临岐镇五庄村，坐落着千岛湖首家以中药材为主题的特色民宿——"淳六味·东篱菊"。这里不仅提供中药汤泉、田园垂钓、环湖骑行等特色体验，更将"淳六味"道地药材融入游客的食宿生活。民宿餐厅精心烹制的养生药膳，搭配可带走的"淳六味"特色伴手礼，让每位游客都能把健康带回家。

近年来，中医药文化养生旅游正成为新潮流。当我们以中医视角重新审视各地资源，会发现每座城市都蕴藏着独特的医药文化遗产：从跨越千年的医药遗

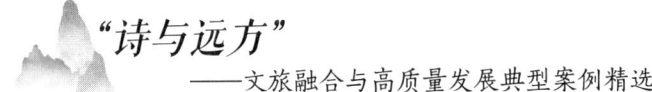

址，到传承百年的老字号药铺；从列入非遗的传统医药技艺，到遍布全国的百余个省级中医药养生旅游示范基地，这些资源正通过"旅游+"的模式焕发新生，让游客在休闲中感悟养生智慧。

如今，中医康养已超越单纯的保健范畴，升华为一种生活方式。基于这一理念，临岐镇联合淳北四乡镇、桐庐瑶琳、临安湍口等地，共同推出"淳北联盟·润养身心"系列旅游产品，涵盖中医药研学、国医体验等近十条特色线路。这条以文促旅、以旅彰文的融合发展之路，正在为乡村振兴注入新的活力。

点评

"特色小镇"的概念源于浙江，2014年被首次提出。2016年国家部委公布了"国家特色小镇"的培育规划和创建目标。"浙江模式"倡导的特色小镇主旨是聚焦区块经济转型，对传统产业进行创新和升级，促进构建新型产业生态系统。文旅康养特色小镇是以"旅居+康养"为出发点打造的小镇。以"文化旅游+休闲度假+康养游憩"融合为目标，提炼文化基因、重塑旅游景观、建设游憩设施、赋予康养功能，通过创意和再生设计，对属地特色自然资源、人文资源、产业资源进行一体化整合后，以系统化的特色文化标识和具体的功能价值为指向而构建的生态、生活、产业和文化有机融合的生态型空间单元。

临岐镇之名始于唐贞观年间，"岐"字有"岐黄之术"之意。作为新安江水库形成后唯一未被淹没的建制镇，其生态旅游资源十分丰富，境内山水风貌、人文环境、历史村落保存完好，其中仰韩和吴峰两村历史最为悠久，分别有1700和1300多年的历史。为特色小镇的打造奠定了坚实的药学文化基础。临岐镇从"赏药材、品药膳、住民宿"3个维度出发，全新诠释了"特色小镇"的概念，得到了大家的一致点赞。

九、兰迪德诺乡村之旅：生态与历史的诗意交响

"日出而作，日入而息"的质朴韵律，构成了我对欧洲小镇最温暖的记忆。在这个快节奏的时代，越来越多人渴望通过一场治愈之旅，暂时逃离都市的喧嚣——或许是在金色沙滩上聆听海浪与海鸥的协奏，或许是在葱郁草坪上享受野餐、阅读与遛狗的闲适时光，这些简单却美好的画面，正是心之所向。

游历英国期间，我有幸探访了诸多童话般的所在，如《爱丽丝梦游仙境》的灵感之源兰迪德诺、魔法小镇约克古城、彼得兔的故乡温德米尔、最美水乡荷兰羊角村，以及芬兰圣诞老人村。兰迪德诺，这个坐落在英国北威尔士康威郡的滨海小镇，是我欧洲小镇之旅的起点。三面碧波环绕，一面青山相依，兰迪德诺宛如一颗镶嵌在北大西洋海岸的明珠。早在维多利亚时代中期，这里就以"英国第二幸福城镇"的美誉成为贵族们钟爱的度假胜地。漫步其间，不仅能感受海风拂面的惬意，更能追寻爱丽丝仙境奇遇的浪漫踪迹。那些蜿蜒的小径、复古的茶室、彩色的海滨别墅，都在诉说着这个小镇与童话的不解之缘。

湛蓝的海岸线勾勒出一道优雅的新月形弧线，石灰岩构成的陆岬巍然耸立，维多利亚时期的建筑群在阳光下泛着奶油色的光泽。这个不大的海滨小镇，处处洋溢着英伦特有的优雅与闲适。海风夹杂着咸湿的气息轻抚面庞，层层叠叠的海浪在岸边碎成白色的泡沫，海鸥在空中划出自由的轨迹。聆听沙滩上孩童的欢笑声，长椅上老夫妇翻阅报纸的沙沙声，品味英国当地典型的 Fish & Chips（炸鱼薯条）……当时的我的确是想不出能有比在远离喧嚣的英伦田园乡村更惬意的事了。这里，时间仿佛被施了魔法，走得格外缓慢。

大奥姆山（Great Orme）无疑是造物主赐予兰迪德诺最珍贵的礼物。这座石灰岩陆岬不仅是众多珍稀动植物的家园，更是一处令人叹为观止的自然奇观。乘坐始建于 1902 年的古老电车缓缓攀爬，木质车厢发出富有节奏的咔嗒声，窗外

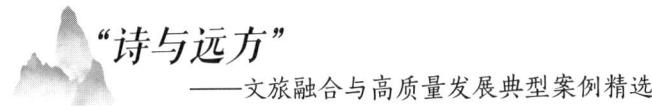

的景色如画卷般徐徐展开。登顶远眺，碧海蓝天在远处交融，海鸥在悬崖间自在翱翔，野生的康沃尔山羊悠闲地啃食着青草。这一刻，尘世的喧嚣被彻底隔绝，唯有自然的馈赠充盈心间。

距离小镇不远，又有康威城堡（Conwy Castle）巍然矗立。这座建于13世纪的军事要塞，其斑驳的城墙见证了无数金戈铁马的岁月。漫步在古老的城垛上，指尖抚过粗糙的石壁，仿佛能听见历史的回声。夕阳西下时，城堡的剪影倒映在康威河上，宛如一位沉默的守护者，700年来始终如一地守望着这片土地。

兰迪德诺最动人的魅力，在于它将自然的馈赠与人文的积淀完美融合。在这里，生态旅游与文化体验不是简单的叠加，而是如盐入水般自然交融。每一个转角都可能遇见惊喜——或许是隐藏在巷弄里的古董书店，或许是海岬上突然出现的野生山羊，又或许是当地老人讲述的爱丽丝仙境逸事。

当暮色降临，坐在海边的长椅上，看着最后一抹晚霞染红天际，忽然就懂了陶渊明笔下"采菊东篱下，悠然见南山"的意境。兰迪德诺用她独有的方式告诉我们：生活的诗意，从来都不在远方，而在眼前这一片被海风轻抚的土地上。

点评

乡村旅游起源于19世纪中叶的欧洲。日益发展的工业化和城市化让城市居民逐渐产生逃离的情绪，同时基于对美好田园生活的向往和欧洲较为健全的交通网络，乡村旅游应运而生并逐渐发展成熟。

西班牙学者Rosa Maryá Yaguë Perales将乡村旅游分为传统乡村旅游和现代乡村旅游两种。传统乡村旅游出现在工业革命以后，主要源于一些来自农村的城市居民的"回老家"式度假形式。传统乡村旅游在世界发达国家和发展中国家都广泛存在，中国常常把这种传统的乡村旅游归类于探亲旅游。

现代乡村旅游是在20世纪80年代出现在农村区域的一种新型的旅游模式，尤其是在20世纪90年代以后发展尤为迅速，旅游者的旅游动机明显区别于回老家的传统旅游者。现代乡村旅游对农村经济的贡献不仅仅表现在给当地增加了财政收入，还表现在给当地创造了就业机会，同时还给当地衰弱的传统经济注入了新的活力。

为什么我对欧洲的小镇情有独钟？因为小镇的美，静谧却不沉默，朴实却不简单，带着自有生态资源和文化气息，给人以一种原生态的、沉浸式的乡村独特体验。乡村旅游之所以能够吸引城市旅游者前来观光，主要是乡村拥有原生态的文化和历史，而这些正随着城乡一体化的推进快速消亡。当今，面对乡村旅游开发同质化问题，我们可以将乡村特色旅游文化资源作为核心资源，创新乡村旅游开发思路，打造具有文化内涵的乡村旅游发展模式。特别是各级地方政府在乡村旅游开发过程中一定要对本地的文化资源进行全面了解和分析，将具有旅游开发价值的地域特色文化资源进行系统提炼，重点对非物质文化遗产进行系统开发，使其与现代旅游产业进行有机融合，进一步提升乡村旅游文化内涵，形成能够互利共赢的新开发模式，推动文旅融合的实现。

十、"家的感觉"——民宿主人的初心

"老田庄"是我的老朋友老胡经营的一家民宿。运营之初，老胡的一位诗人朋友在此逗留期间说的一句话让老胡对于民宿的经营有了新的认知。他说，"好像我并没有找到想坐下来的感觉"，这个缺失的感觉，让老胡一度陷入迷惘与彷徨。回想民宿打造的过程，大到布局、设计的反复推敲，小到床品、洁具的品牌定制，就连客厅的壁炉、书画和上百年的古董摆件，皆是老胡自己的倾心之作。原以为，老胡在民宿打造上耗费的心力，以及从事20多年酒店职业经理人的工作经验，对于民宿的定位，该是信手拈来的，却不承想，如此配备依旧让人有"不能静下心来"之感。

老胡一直在琢磨，那个缺失的"感觉"究竟是什么？营业以来，老胡要求服

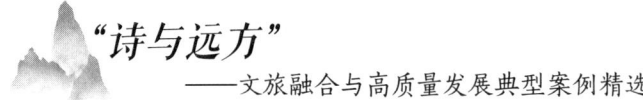

务人员要始终秉持"整洁、卫生,热情、礼貌"的服务理念,并努力改进服务方式以满足住客的需求。是的,在几十年的职业生涯中,"顾客就是上帝"这个理念让老胡始终觉得这本该是服务业的最高信条。可此时,跟那位友人一样,他似乎感觉到内心好像缺了点什么。"情感",这个突然闪现于脑海的字眼,让老胡茅塞顿开。可不是嘛,我们极尽心力提升服务,却忽略了人性中最本真的东西。那么,如何将"情感"揉进服务里呢?

在之后的运营中,老胡将一个"反客为主"的全新理念灌输给了民宿的每一位服务人员,"我们要让住进'老田庄'的每一位住客都有回家的感觉。"大家把每一位入住的客人视为自己的家人、朋友,一份份真实情感的融入,让"老田庄"在舒适之余,更多了一份温情。

新年前夕,几个画家朋友到千岛湖度假,入住了城区的五星级酒店,当天与我约定,次日来"老田庄"民宿一聚。第二天一早,客厅壁炉里的柴火被早早点燃,上方的"乙亥祯祥"及左右对联"客至田庄四壁书画权当酒,春来龙坞一湖碧水欲催诗"在阵阵暖意中显得愈发喜庆。沏好的茶水、备好的瓜果小食,客厅里萦绕着的除了浓浓的家的暖意,还有满是由火炉蔓延开来的烤地瓜的焦香……一切就绪,只待友人们到来。

不久,一行人抵达"老田庄"。大家一进门,便开始无拘无束、天南地北地拉起了家常。老胡还饶有兴致地为大家讲述起关于千岛湖的形成、移民及水下古城的故事,不觉间就度过了一天。"今天太高兴了,我们就像回到自己的乡下老家过大年一样,好多年没有这种感觉了""太喜欢这里了,这里有家的感觉"……道别时一句句发自肺腑的感言,让老胡感受到一份至纯至真的温暖,是的,这就是源自家的温暖。

诚然,设计的独具匠心和装修的精致细腻等这些硬件的打造确实能为民宿带来独特的体验感,但若仅仅如此,那么民宿与酒店又该如何定义,如何区分?在无数的迎来送往中,我们不断重复着同样的工作,殊不知,我们在一味地追寻服务标准之时淡忘了人性的关怀。有时候，仅是一句简单的关心抑或是一个会心的微笑，便能生发出一份如阳光般的温情。

点评

民宿，指人们利用自住闲置空间，为外出游玩或远行的人提供住宿的场所。一般来讲，这类业态都会与当地的历史人文、自然景观、生态环境等因素相结合。这也让民宿在本质上与酒店有了区分。现下，除了我们常见的酒店、旅社，其他具有住宿功能的业态还有如农庄、农舍、牧场等，这些都可一并纳入民宿类。

近年，各地各级政府部门都乐此不疲地将精力聚集于民宿项目的引进、扶持和推广上。行业大佬们也纷纷玩起跨界，转战民宿业。事实上，"民宿"这一业态在中国早已有之，只不过彼时并未引起人们如今天这般关注。无非，那时人们对于民宿的定义有着与现在截然不同的理解。纵观世界民宿业，各国因环境、文化与生活理念的不同而略有差异。例如，欧陆国家的民宿多按"农庄式"（Accommodation in the Farm）经营，这类民宿能让人在感受农庄生活的同时享受到田园生活的意境；加拿大的民宿则是以"假日农庄"（Vacation Farm）的经营模式为主；美国的民宿多见于"居家式"（Homestay）或是"青年旅舍"（Hostel），民宿主不会刻意地进行布置；英国则将此业态统称为"Bed and Breakfast（BNB）"，意为"提供住宿＋早餐"，这类业态的价格往往视星级而定，当然，还是比一般旅馆便宜许多。不论如何定义，不管业态以何种形式呈现，民宿的精髓始终如一：在予人最基本的住宿服务之外，民宿主的情怀与服务自是有别于传统酒店、客栈的根本。

很多民宿，往往一味地注重形式新颖、奇特甚至设计得脑洞大开，内涵与外延相统一的，实则不多。真正意义上的民宿该是有情怀、有温度、有文化、有故事的，是真正能给住客一个有别于以往生活理念，让人能感知地域风情、人文情

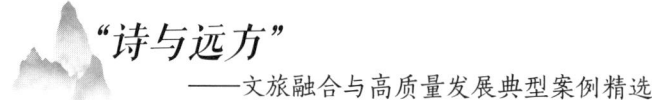

怀的全新体验感的旅居之所。相比硬件而言，注入一家民宿的人文情怀才是真正彰显价值的"软实力"。案例中民宿主的待客之道，便很好地印证了这一点。

十一、日本是如何观光立国的

2003年7月，日本政府制定了"观光立国"战略，推出"观光立国行动计划"，力争10年后使赴日旅游的人数达到1000万以上。其目的在于利用得天独厚的自然环境与丰富的旅游资源吸引外国游客，大力发展国际旅游业拉动经济增长，摆脱日本国内经济持续低迷的局面。在日本政府的努力下，其国际旅游业取得了令人瞩目的成绩，成为日本经济的支柱产业之一。

大阪府附近的兵库县筱山市有一个名叫"NOOTO"的社会团体。这个团体为活跃区域社会做了许多工作，2011年开始倡导"农村创新"活动，并将自己理想中的区域社会定义为：以社区创新活动为基础，让文化和产业富有独创性，完善区域经济体系，搭建积极解决环境问题的"创新平台"。

筱山市丸山村由于地处山区，人口流失严重，到了2008年只剩下10户人家。后来，村里启动了民宅重修项目，把空置的住宅改造成自然淳朴的旧民居，吸引人们回归乡村，体验自然的山乡生活。附近还开设了法式、日式餐厅，可以品尝到用当地应季食材烹饪的美味佳肴。从大阪或神户到丸山也就一个多小时的车程，因此这个项目很受人们欢迎。民宿设施自营业后两年半的时间里，就有超过2000人入住，让这个仅剩下10户人家的超小村庄成为民宿胜地，彻底翻了身。丸山村的做法是将稀疏的人口与空置的房屋等负面遗产转化为旅游资源等积极因素的一个成功范例。

德岛县中东部的神山町，是一个有着4000多人的山区小镇，曾经以林业经营为主。20世纪60年代以来，随着山区林业的衰落，人口持续减少，情况十分严重。近几年，多家IT企业的"卫星办公室"相继在这里落地。在这里，有线电视和宽带上网兼用的光纤设备铺设得非常到位，为 IT 技术人员提供了方便实惠的工作条件。另外，闲置房屋每月几万日元的租金，即便再加上适当的装修费用，还是相当便宜的。再者，从德岛市区驱车到这里还不到一个小时，优越的自然环境和商住一体的生活设施，是这里具有城市中感受不到的诱人之处。最终神山町发展成"文化艺术创作园区"，不仅有艺术家，还有工匠、手艺人、企业家、设计师、IT 行业的工程师等来这里创业。

新潟县以著名的暴雪地带——十日町市和津南町为"舞台"，自 2000 年开始每隔 3 年举办一届名为"大地艺术节"的现代艺术展示活动。当地人把农舍、废弃的房屋、学校、农田等利用起来作为场地，展示多彩多姿的现代艺术。笔者曾经参加过这个艺术节，浙江许多艺术家也都赴日参加过。近年来，桐庐也曾举办过类似的艺术节。

在日本政府倡导的"观光立国"战略下，那些人口流失的小山村凭借自己的创新举措引来了大量的游客，当地人利用传统文化开发出魅力实足的旅游资源，提升了经济发展水平，同时也吸引了外来人口来乡村定居。所以在乡村小镇旅游，能够吸引更多游客的不仅是名胜古迹，那些非物质文化也是有力的旅游资源。

点评

近年来，我国乡村旅游呈现出蓬勃发展的态势。作为旅游新热点的乡村旅游起步较晚，因此各地的发展依然存在着一些亟待解决的问题。邻国日本是乡村旅游的起源地之一，日本乡村旅游在全世界颇有盛名，其发展的成功经验也备受其他国家关注与重视。

从上述丸山村和神山町这两个案例中我们可以看到，日本乡村旅游成功之道在于其利用现有的旅游资源，经过策划改造，打造出了丰富多彩、特色多彩的乡村旅游目的地，形成了品牌旅游产品。鉴于此，我们也要基于各地的实际情况，

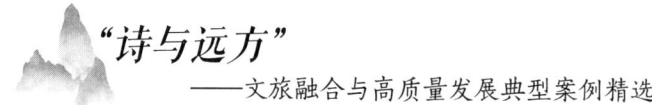

开发更为多元、更具特色、更加品牌化的乡村旅游产品,以满足不同旅游者的物质及精神文化需要。

"酒香也怕巷子深",对于乡村旅游而言,多元、特色与品牌化的旅游产品固然重要,但对产品的宣传与营销更为重要。新潟县的"大地艺术节"就是一个成功的案例。不仅在日本国内,世界很多地区也都引入大地艺术节的模式推广本地资源,搞活乡村旅游。文化旅游产业的宣传与营销工作是获得收益、体现其旅游产品价值的重要手段。

日本乡村旅游发展的成功经验对我国乡村旅游发展具有很大的借鉴意义,我们应取其长避其短,结合我国乡村旅游发展实情,探索出适合我国乡村旅游发展的独有路径。

十二、花艺与民宿的完美融合

初夏时节,我来到了莫干山脚下的一家别致民宿。这家民宿由4座独立的温馨城堡组成,周围花草环绕,书香弥漫,处处洋溢着宁静与休闲的氛围。民宿的主人厉姐姐在晚餐前特意为我们安排了一场户外的餐台花艺布置体验活动。四五个原本不太熟悉的参与者,全神贯注地投入花草的摆弄中,各自完成了独特的花艺作品,并将这些小品摆上了餐桌。花艺与美食相得益彰,仿佛让人穿越到了宋代诗人范成大笔下的诗意场景,大家沉浸其中,尽情享受这美妙的休闲时刻。

当花艺遇上了民宿,民宿主是如何巧妙应用花艺,打动了消费者的心的呢?运用中应考虑哪些才能让它们的相遇显得更加有价值?厉姐姐如数家珍地说:具体体现在花材选取、色彩搭配、制作技巧等方面。

首先,花材的选取具有广泛性。其次,务必要考虑到成本的控制。花朵分为真花、干花与仿真花三种,建议三者可以混搭设计,比例以仿真花最少。最后,选用的花材中,当季开放的花材最合适,这样会显得更自然。

营造一个完美的民宿空间，要考虑到花艺绿植与民宿空间的色彩搭配。在选择花卉时，要尽量避免其颜色与室内陈设发生冲突，给人造成不适感。如果整个空间比较素净，可以选用色泽亮一点的花艺绿植作为点缀；如果想要创造一个温馨的空间，尽量选择颜色淡雅一点的花艺绿植。

经过选择的花材不能直接插入花器中，必须经过加工和处理，才能显露出每个花枝的风韵。花材加工时应注意尽量顺应花枝的自然姿态，保留素材本身的各种优美天然的姿态，切忌修剪过度，否则会造成构图不完整，而且会损伤花枝的组织，影响其对水分的吸收，缩短鲜花寿命。

民宿花艺设计中，在布置餐桌时不需要刻意找花器，咖啡杯、葡萄酒杯、化妆品瓶等各种瓶子甚至古朴的小碗、小桶或农家人藤编的小篮子，均可采用，不要刻意购买形状统一的花瓶，这样只会显得毫无特色。

花艺风格中，东方式、西方式、自由式等均可采用，但需要与桌型相配。若是圆桌，以圆心为点摆放一个插花，或者摆一组高低不同的玻璃器皿，全方位都是美的。若是长桌，可以采取元素重复和保持节奏的方式，比如以一组两三个玻璃瓶为元素，每个里面有一两枝花，让长长的桌面保持节奏，花材不用数量过多。

注意，花香过于浓郁的花不适合摆在餐桌上，它的气息会影响到食物的味道，很浓的香薰蜡烛也永远不要摆放在餐桌上，尤其要注意花的高度，再美的花也不能阻碍用餐人之间的交流，不然会有种雾里看花般的感觉。

点评

当花艺遇上民宿，若是单纯为了花艺展示，那么民宿只是提供一个场所而已，只有这种花艺生活方式将花艺与美食、派对、住宿相结合，吸引更多兴趣爱好相仿的人，为消费者缔造高品质完美的假期时才能体现出其价值。

民宿空间环境最重要的是方便交流。这里的交流不仅指人与人的交流，还指人与环境的交流。民宿不仅要注重外在的形式感，还应该注重空间与人的交流

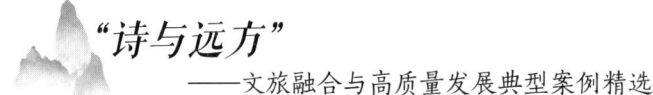

性。民宿设计应注重人的体验感和参与度，满足人与空间的互动，人与人情感的交流。

生活需要仪式感。案例中，一顿简单的民宿餐食，经过民宿主人的悉心装扮，享用时便会让人觉得生活有了色彩，满满的幸福感油然而生。当民宿遇上了花艺，经过民宿主人的创新，就会不断地打动消费者的心，让来访者真正寻找在大自然放松的感觉，从而对生活有了新的理解。这也可以视作民宿经营的特色之一。

十三、湖光春色品悠然小筑

2022 年 4 月，杭州亚朵国际旅行社有限公司响应浙江品质旅游组团联盟的号召，就杭州千岛湖拓展新资源、开发新产品的成果与旅游联盟同业共享，组织联盟内成员共同踩线考察。本次考察采用一种新的方式再观千岛湖风景，从主题民宿"鱼儿的家"入手打造慢生活式旅游体验。

在游客喜好周边游、短线游的大背景下，"亚朵国旅"结合游客所想着手打造了千岛湖 1~2 天的短期行程，以民宿为落脚点，对千岛湖的旅行线路进行了更新迭代，考察团入住民宿"鱼儿的家"，赏千岛湖盛景，感受新线路带来的非凡体验。

在文旅人看来，千岛湖拥有丰富的旅行资源，当代诗人吴无闻曾用诗句描绘其风景，"湖光好，千岛嵌珠玑。动荡微波迎晓日，巍峨高阁沐斜晖。"俯瞰千岛湖，湖形似树枝，其间大小岛屿形态各异，群岛大小岛屿 1078 个，分布有疏有密，罗列有致，再加之岛屿植被茂盛，与水光交相辉映，自然风光极佳。然而，风景再美如果没有与时俱进的定制旅游产品，也会黯然失色。于是，千岛湖的人文资源发掘正被提上议事日程，逐步实现了人们"与湖为友，与岛为伴"的田园山水梦想。

而"亚朵国旅"新鲜出炉的短期民宿游行程的重点也就在此了,此次踩线千岛湖入住的就是民宿"鱼儿的家"。踩线前,"亚朵国旅"做了前期的实地考察,与"鱼儿的家"同一区域内有三期民宿已经投入使用,3个主题9幢房子可同时容纳100人左右,有一幢主楼、二幢独栋别墅,可以接待各种类型的游客。同时,民宿位置良好,面朝广阔湖面,又是白云溪入湖口,所以常有小舟横卧湖心,加上背靠兰川苍山,便形成了"门泊云源舟,窗含兰川景色"的独特山水风光,在专业的文旅人看来,这不仅具备了五星级酒店的硬件条件,也有了与五星级酒店不一样的自然风光。

当然,新线路更看重路途中的丰富体验。"亚朵国旅"从民宿的高可塑性入手,将其设为线路的重点体验项目。一方面,民宿可自带娱乐项目,有丰富的室内、室外娱乐。室内设置茶室、书吧、儿童乐园、DIY活动室等,甚至有数个不同风格的餐厅,来自五湖四海的客人既可以享受与家人好友的品茗读书时刻,也可以和闺蜜、孩子感受动手制作、观湖品食的新奇快乐。而在室外,也可泛舟、露天电影、烧烤,乡村的自在和静谧尽在眼底。另一方面,民宿可作为最佳中转站,将民俗周边游串联成线。距离民宿3~5公里范围内的周边游活动异常丰富,有"千岛湖第一漂"的白云溪漂流,可享受漂流的刺激,有"千岛湖环湖第一高峰"的东山尖,可体验一览众山小的豪迈;还有果蔬农庄采摘,农庄中有桃子、柑橘、杨梅、有机茶叶等,田园生活的乐趣悠然自得。不论是汉服爱好者,还是美食发烧友,抑或是激情追求者,在这里都能找到最适合自己放松的游玩方式。

娱乐是旅游的基础要素,但想要被称为优质旅行,文化体验则是必不可少的一个环节。众所周知,文化是区别不同地域的标志性符号,旅行打卡不只是拍拍照片那么简单,重要的是沐浴在独特的文化氛围中,收获知识和沉浸式体验。"亚朵国旅"挖掘出了千岛湖当地的民俗资源,并且将其与民宿有机地结合在一起。民宿"鱼儿的家"所在的区域叫宋村,历经千年的洗礼凝结出经久不衰的文化精华,而以民宿为基点进行游览体验,就是创新继承当地的文化民俗特色。宋村的特色景点包括宋村拉狮、东山尖高峰、宋村竹马、状元谷越野营地、白云溪漂流、青山口村云滩等,旅行中,或许能见到当地唯一的一位国家级非物质文化遗产代表性项目传承人;能看到云源港灯火幢幢,一条条渔船扬帆起航;能听到青山口村的云滩篝火晚会上传来的阵阵欢笑。

通过此次千岛湖有人文、有历史、有温度的考察之旅,当代文人金鉴才所言的"平湖千顷碧,迤迤送轻舟。日出鳞光烁,岚腾岛影浮"的千岛湖优美风景一定会被更多文旅人所感受到。同时千岛湖旅行线路也将纳入更多文旅企业旅行线路的定制设计中,在文旅融合的情景下共同为杭州旅游业做出贡献。

点评

对大大小小的文旅企业和众多从业者来说,如何选择与组合旅游资源成为筛选优质文化旅游企业的"淘金沙"。案例中,"亚朵国旅"结合了千岛湖优质的旅游资源,以"民宿+赏、游、玩"为支点,将民宿打造成"微旅游目的地"。"民宿+"的方式,加强了民宿的可玩性和舒适感,进而将民宿周边景点变成具有选择性的游览目标,使定制旅游产品更加人性化和个性化。告别舒适却千篇一律的五星级酒店,旅行住宿就变成了一项值得"体验"的项目。同时,旅行线路以"自然和谐、舒适放松、情感交流"为卖点,内容除了传统的观景以外,还加入了动手制作、新奇体验、网红打卡等环节,不仅暗合了千岛湖的自然风光,也迎合了广大旅行者亲近自然、获得新奇感的愿望。

十四、乡村旅游创意:农文旅融合的"最后一公里"

2024年末,我作为浙江省"1+1旅游联盟"顾问代表,应供应商之邀前往祖国西南边陲——云南腾冲进行为期5晚6天的旅游线路考察。在这短短的6天考察中，地接社独具匠心，精心设计的旅游线路和项目，让我充分领略到了云南腾冲这座历史古城的魅力：这里有万年的火山热海，千年的古道边关，百年的玉都文化，今日的康养胜地；还有以边境文化、马帮文化和中西建筑风格共融为基础的 AAAAA 级景点——和顺古镇等。

整个行程可以用 6 个"一"来概括：一座海拔 3699.5 多米的世界名山高黎贡山，一座火山温泉丰富的奇特地质博物馆（热海大滚锅出水温度达 102 摄氏度），一条古往今来的南亚大通道（从腾冲至缅甸至印度），一块百看不厌的玉石（腾冲翡翠文化），一段荡气回肠的历史（中国远征军赴缅甸参战，抗击日寇保家卫国的精神），一部完整的边地汉书（腾冲是唯一一个以汉族为主体，汉文化始终处于主导地位的地区）。但当地旅行社与乡村共同开发的农文旅项目——大地茶海景区的案例却给我留下了更为深刻的印象。该景区依托边境文化、马帮文化等，充分挖掘其优秀的传统文化特色，通过"旅游+农业"的模式，形成大地、草海、森林康养基地，该基地提供茶海餐厅、茶文化体验区、森林自然教育研学基地、森林拓展训练、茶海欢歌民族团结狂欢晚会、马帮老学堂、森林骑行、UTV 机车驾驶等旅游设施和休闲运动，让广大游客体验乡村乐趣、享受田园生活、体验民俗风情，推动乡村旅游的体验式发展。游客也因此了解了乡村、爱上了乡村。

置身郁郁葱葱的茶山，围栏平台点缀其间。平台上，参与者跟随瑜伽教练呼吸着带有淡淡茶香的空气，眺望着满眼的绿意和湛蓝的天空，在教练的引导下伸展身体，放松心灵，体验着无比畅快的舒适与愉悦。

在翠绿茶园的映衬下，一排排乳白色帐篷连成的长廊显得格外亮眼。木结构的茶几上陈列着当地研发的各类茶叶产品。茶园服务员自然朴素、举止文雅、笑容亲切。她们一边沏泡着绿茶，一边向大家介绍茶园的种植历史和茶叶加工流程，耐心地引导大家品尝各款红茶和绿茶。

马帮老学堂基于一座废弃百年的马帮学校改造而成，由当地农村共同投资重

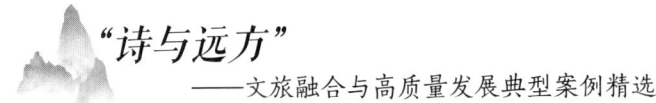

建。我们以学生的身份置身其中,在课堂上聆听教书先生讲课,认真回答问题;课间,我们也如学生一般嬉笑打闹,沉浸在课间的欢声笑语中。"上课啦!同学们快回教室坐好!"老师的摇铃声响彻校园,在山谷回荡……老式的课桌椅、斑驳的黑板及严肃的教书先生,这座学堂处处都透露着历史的痕迹,让我们深刻感受到了那个时代的教育氛围。在这里品尝的马帮特色餐饮,更是让我们对那个时代的生活有了更为直观的了解。

通过这次考察行程,我们不仅感受到了乡村的美丽和宁静,还了解到了乡村的历史和文化,这对于促进乡村旅游发展,推动农文旅融合,具有非常重要的意义。

点评

创意旅游就是通过旅游产品提供者对旅游过程的积极参与和从其选择的度假目的地学来的经验为游客提供发展创意潜质的机会,是游客在游览过程中学习旅游目的地国家或地区的某种文化或技巧的一种旅游产品。创意旅游有3个核心要素。①文化是创意旅游的前提和基础。当今在文旅融合发展大背景下,创意旅游是满足人们对美好生活需要的有效途径,而做好创意旅游需要深度挖掘文化内涵并变革其表现形式,只有从纵向上做好文化传承和横向上做好文化传播才能在旅游开发中促进创新创意开发的落地。②互动式学习与体验是创意旅游的实现路径和形式。③实现自我发展和目的地的社会经济发展是创意旅游的目标所在。

乡村旅游同样需创意开发。案例中提及的大地茶海景区项目便是通过创意开发,将马帮文化、互动瑜伽和特色茶园等乡村元素融入旅游产品,让游客在体验中感受到乡村的独特魅力。该项目以文化为核心,以互动体验为手段,以经济发展为目标,使村民成为员工,乡村成为景区,促进了乡村振兴,吸引了青年返乡创业,真正将农文旅融合的"最后一公里"落到了实处。这一成功案例不仅为乡村旅游的创意开发树立了典范,也为其他地区的乡村旅游发展提供了有益的借鉴与启示。

作为浙江省"1+1旅游联盟"的顾问代表,有机会参加专线供应商所提供的旅游线路考察我们深感荣幸,同时也为联盟成员间与各专线供应商的紧密合作,追求1+1>2的效益,平等、互助、发展、共赢的宗旨而点赞。

第三章

文旅融合下的旅游平台,丰富了文旅的内涵和外延

第三章
文旅融合下的旅游平台，丰富了文旅的内涵和外延

中国人民日益增长的物质文化需求促进了文化和旅游的交融，而文旅融合概念的提出也代表着游客对文化的追求更甚，在旅行的过程中他们期望能够深度了解当地的历史文化、人文风情，而不是局限于以往的观光、打卡。当今，随着以携程、去哪儿、艺龙、同程、途牛、马蜂窝等为代表的在线旅游企业及相关企业的诞生，支付宝、微信支付的出现，百度、阿里、腾讯等互联网头部企业及京东、美团、高德等跨界企业相继拓展业务的进入，并以智能手机为依托将PC互联网升级到移动互联时代，加速迭代和跨界融合的在线产品和服务互联网的迅猛发展，"事先预订""边走边订""事后分享"，使得在线旅游代理商（OTA），已日益成为我国社会生活领域的重要旅游消费平台。

OTA和传统旅行社的最大不同在于是否以网络为载体。OTA平台利用网络进行旅游信息推广，旅游者利用网络进行旅游信息搜索、筛选、预订、交易、查询、结算，价格透明、方便快捷。传统旅行社是线下市场，通过电视、报纸等传统媒体广告进行旅游信息传递、招徕与接待旅游者、签订旅游合同、组团出游，其服务平台是一个活生生的实体环境，面对面接待旅游者，人性化服务特别强。

从古到今，文化和旅游从未分家，文学的形式在变，但以文学方式呈现的对旅游的热爱却从不曾递减。比如，从古代文学的"飞流直下三千尺，疑是银河落九天"到当代文学的"面朝大海，春暖花开"，很多文化的遗存成为人们争相追捧的旅游目的地，从各种世界级、国家级到地方级文化遗产的火爆场面可见一斑。文旅融合下的旅游操作平台，更丰富了文旅项目的内涵和外延。本章将从5个维度探讨文旅融合下的旅游操作平台，进一步拓展文旅项目的内涵与外延。第一，文化是旅游的灵魂，也是连接友谊的桥梁。通过文化之旅，沿着文化的脉络行走，人们的心灵得以净化与升华。第二，在文旅融合的背景下，OTA与传统旅行社携手合作，推动出入境旅游的发展，促进了中西文化的交流与共存。第三，文旅融合催生了研学旅行等新型旅游模式，其中研学是核心，旅行是载体。

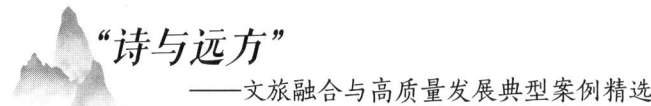

研学旅行作为学校教育与校外教育衔接的创新形式，通过旅行的方式拓宽了学生的视野，实现了"边学边游"，丰富了文旅项目的外延。第四，文旅融合使旅游线路更加多样化，经营方式也更加多元化。第五，在"唐诗之路"等概念的引领下，"微改造，精提升"的理念推动了全域旅游开发的新实践，为文旅融合注入了新的活力。

一、文化苦旅——行摄"徽杭古道"

徽杭古道西起安徽省绩溪县伏岭镇，东至浙江省临安区浙川村浙基田，其中绩溪县境内一段盘山小道，不仅保存最为完整，亦是古道之精华所在。

2008年8月，澳大利亚摄影人James夫妇在看到我朋友陈先生在网站上发布的关于徽杭古道的介绍后，专程邀我朋友前往安徽绩溪拍摄徽州乡村美景，探访徽杭古道并记录原居民生活现状。研究了行摄线路后，我们决定从安徽绩溪伏岭的江南第一关出发，前往浙江临安浙基田，徒步走完全程27公里的徽杭古道。

进入江南第一关，岱下村是不得不经过的，这个拥有400多年历史的古村落里，马头墙鳞次栉比，粉墙黛瓦，置身其中能清晰地听到自己的脚步声，以及被风依稀"吹"来的徽州土话和逍遥溪边水碓的舂米声。老旧磨坊、独轮车、田塍……不足一公里的路程James夫妇走了近两小时，两人边拍边走，实在为眼前的景观所着迷。导游李宏伟见状急了："前面还有近30公里山路啊，这样的速度，猴年马月也走不完啊。"一路催一路走，翻过了江南第一关。

一路往东，古道两旁偶有一两处山村。我们走进了一户农家歇脚，一进屋便被屋内的壁画深深吸引。屋主人将梦想彩绘在客厅正门上方的墙面上，坐于堂前，时时能见。于是乎，梦想与老屋，就这样一起温暖着一家人。主人姓邵，他说这幅绘于"文革"期间的壁画一组三幅，中间一幅为主画，两侧各一幅辅画。主画的内容为南京长江大桥的日常，旭日高悬，汽车奔驰，火车跨江，游轮缓行，一派风和日丽的景象；两侧画幅的内容则为电站、石榴、稻谷、寿桃与小麦，这分明是实现工农业现代化的美好愿景。

炎夏，山里的孩子都会到古道旁的潺潺溪流里嬉戏，那清甜的高山泉水，表面虽被太阳晒得暖暖的，水底却隐藏着大山的透心凉和无数的鱼虾，这些，足能让山里娃的夏日欢快无比。古道上，还不时传来悦耳的铃铛声，这是当地特有的"物流工具"——驴车。山里人但凡谈及驴，眉语间便满是敬意。因山路险峻逼仄，在徽杭古道上，驴、骡成为连接峡谷各村庄间的重要交通工具。沿途的村庄至今还保留着以驴代步、用驴载物的古老方式。在蓝天凹，大家望见了不远处攀缘于峭壁上的山民，借助一捆绳子他们就能"飞檐走壁"，只为采集当地一种珍贵食材——石耳。石耳有很好的养生功效且产量甚微，所以市面价很好。山民为多得一点收入，尽管危险还是会登高一搏。

天黑前，我们总算赶到了与浙基田咫尺之距的永来村，导游李宏伟知道大家早已饥饿难耐，便提前让主人备好一锅热气腾腾的徽州饺子。绩溪人吃饺子很是讲究，馅料里有香菇、豆腐和五花肉末，汤里除了有葱花，还会放上新鲜的油渣。饺皮与饺馅、油渣与葱末，就这样组合成了一个无法言喻的"古道滋味"。诚然，我们身处的徽州山区在实现工农业现代化的进程中似乎还有很长的路要走，但小山村与世无争的那份恬淡，也让我们倍感珍贵。

一路的徽州风情，让 James 夫妇很是留恋。之后，通过这对华裔夫妇的口口相传，澳大利亚越来越多的摄影家纷纷来到这里。其间，我引领他们多次进入徽杭古道，并逐步将旅摄的脚步延伸至了更多徽州乡村。

点评

历史上，徽州（现黄山市）与杭州亲如血脉。徽杭古道是民国以往连接徽州与杭州的重要商道。那时候，通过这条商道步行去杭州需耗费 10~15 天，直到民国 22 年（1933 年），全长 215 公里的徽杭公路经十年建设终于开通，堪称"徽

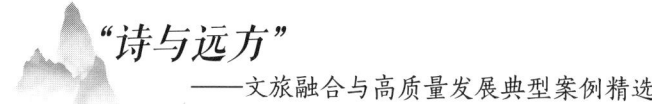

州交通史上奇迹"。2004年，徽杭交通史又迎来崭新的一页，两地车程缩至3小时，15年后的2018年12月25日杭黄高铁开通，1.5小时的车程让两地距离被重新定义。蜿蜒在万山间的徽杭古道，从早前的山野荒凉，不为外人知，直至进入大众视野，游人如织。这一切的改变，皆源于这方水土里浸润了千年的古道文化，它是滋养人心的"精神财富"。

文化是旅游的灵魂，文化亦是友谊的桥梁。我的朋友陈忠平先生从业近30年，从最初的入境接待到带领世界各地旅人进行行摄之旅，数年间，其坚守的那份"文化旅行"理念已然深入人心。他的行动，不仅向海外友人传播了中国的历史文化，也展现了新时代中国乡村的发展面貌。旅途虽艰辛，但文化传播与旅行交流的果实，却也甜蜜无比。

二、当东方遇见西方：出入境旅游中的文化共存

作为一名曾经的英语导游，我深知英语不仅是我们的工作语言，更是我们与世界沟通的桥梁，也是为游客提供优质服务的基础。除了不断提升语言能力，广泛阅读、开阔视野也是提升专业素养的重要途径。许多国际导游都具备扎实的讲解功底，但在实际工作中，我们常常会遇到这样的情况：尽管讲解得滔滔不绝，但游客却一脸茫然。问题并不在于导游词本身，而可能源于中西文化的差异。游客来自不同的国家，教育背景、生活环境和经历与我们大相径庭，因此在讲解时，我们需要站在游客的角度，用他们能理解的方式进行介绍。

例如，境外英文团来中国旅游时，常会参观杭州的梅家坞茶村。沿途的竹林和茶园风光令人陶醉，游客也常常为之赞叹。我们通常会强调梅家坞独特的地理环境造就了品质上乘的龙井茶，这样的介绍虽然准确，但往往效果平平。后来，我尝试补充道："梅家坞的绿茶就像美国纳帕谷地（Napa Valley）出产的葡萄酒。"这样一来，来自美国和加拿大的游客立刻心领神会，因为他们对纳帕谷

地葡萄酒的独特品质和高昂价格非常熟悉。当然，如果是澳大利亚的游客，他们可能对纳帕谷地不太了解，但提到巴罗莎谷地（Barossa Valley）的红酒，他们也会产生共鸣。通过这种方式，根据不同国家游客的文化背景进行"点题"，他们的理解度和接受度会显著提高。

通过灵活调整讲解方式，我们不仅能够帮助游客更深入地理解景点所蕴含的文化意义，还能提升他们的参与度和体验感。作为导游，我们肩负着文化传播的使命，同时也是不同文化的连接纽带。只有从游客的角度出发，设身处地地思考，才能让每一次讲解都真正打动人心，给他们留下深刻的印象。

法国是中国公民出境游的一个重要目的地。赴法国旅游的团队都会去凡尔赛宫。凡尔赛宫可以说是欧洲各家皇宫中的经典，"老大"的地位毋庸置疑。去了凡尔赛就必然要介绍路易十四，凡尔赛宫主要就是他建的。在欧洲与法国历史上，这位国王也是赫赫有名。凡尔赛宫则处处打上了这位"太阳王"的烙印，从金色栅栏门外的青铜大雕像，到室内那幅著名的身披大氅、脚蹬芭蕾舞高跟鞋的油画都是他。

中国游客很喜欢听历史方面的话题。在介绍路易十四时，只要加上中国背景，效果就会好很多。路易十四生活的年代与清朝的康熙大帝时代差不多，都是17世纪中期到18世纪前期。两个人的经历也惊人地类似：幼年继位，权臣掌权，成年后乾纲独断，励精图治，文治武功，四海臣服。不仅扩大了国土疆域，自己国家的国际地位也得到了空前提升。他们不仅都是政治强人，执政时间都很长，同时还都热爱艺术，甚至对彼此的文化都十分欣赏，彼时法王以中国的瓷器为主题装饰了凡尔赛的特列安农宫，清帝在庭内组建了西洋乐队，学习西方的天文、数学、历法。两人甚至有着书信往来……中国游客对康熙大帝是非常熟悉的，以康熙帝为对照介绍路易十四，再加上丰富的细节，以法王为主，康熙帝辅之，这样的介绍就避免了单纯讲历史的枯燥，游客一定会喜欢的。

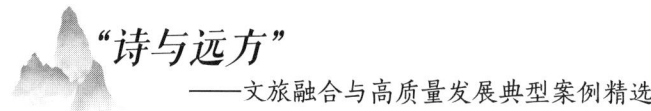

"诗与远方"
——文旅融合与高质量发展典型案例精选

> 点评

作为一名资深的国际导游（领队），本人从业四十余年，始终工作在旅游接待和旅游教学第一线。我在案例所提到的导游过程中运用导游讲解里的类比说明法，仔细揣摩中西文化的差异，不断强化自己的内功。

作为一名外语导游，我们要关心的不仅仅是能不能讲，而是讲了客人能不能懂，不但入耳还要入心。无论是入境游还是出境游，我们都要对游客的基础背景有充分认知，要对中外不同的文化与生活环境有尽可能多的了解，不能满足于一般的"能带团"，还要多下功夫，这样才能真正讲好杭州故事、中国故事、世界故事。

三、入境游导游服务新要素——网络平台的口碑体验

身为一名从事英文导游接待工作及从事旅游教学40多年的专业人员，我亲历了入境旅游行业从传统组团时代到网络模式唱主旋律的蝶变。

从20世纪80年代到21世纪的第一个10年左右，许多英文导游都习惯于接待入境游的大团，少则十几人，多则40多人，人数再多，还可分为AB团。国际旅行社的业务操作也基本是从境外组团社联团，国内组团社则会与各地地接社合作。进入新世纪，出现了一批以网络为载体的入境旅游网站，相较传统入境社，它们的经营模式更为灵活。近十年来，入境团人数越来越少，大多还几乎是散客成团，事实上，能吸引他们来中国旅游，很大程度上得归功于那些入境旅游网站。浙江中青旅国际旅游中心是国内入境网站佼佼者——桂林海纳国旅（中华游China Highlights）的主要合作机构之一。

一直以来，这些新型入境社始终专注线上业务，致力于为海外游客提供覆盖中国全境的接待线路和接待的一站式服务，希望通过互联网拉近与外界的距

离。除了大力建设自身网站，这些网络精英还与国际著名旅游网站如"猫途鹰（Tripadvisor）"等建立了合作关系。许多国外的潜在游客都是通过浏览猫途鹰上的评价来决定是否委托该入境社为其安排在中国的行程。因此，入境社非常注重客户的体验，并大力鼓励游客在结束行程后为该行程及其全程服务撰写评语，力求提升服务的透明度。以桂林海纳为例，该旅游公司会在地接社推荐的基础上通过测试等方式自主选拔全国各地优秀导游，因此为中华游带团的各个语种的导游都是专门指定的，而非每家地接社随便指派。导游每年都会参加公司开展的如榜样录评比、优秀导游大会等活动。在 Tripadvisor 上获得客人好评的导游，都会得到额外奖励。

可见，入境地接社因新型网络市场的出现，而加速了优胜劣汰的节奏。网络时代，导游服务的质量优劣一定会集中反映在客人的评价里，而网络正是一个分享和传播口碑的极好途径。为了确保每一条评价的真实性，Tripadvisor 的每一条评价都必须通过专人审核方可发布。据说 Tripadvisor 的评论审核员不少都是退役的 FBI（美国联邦调查局）工作人员，可见这些大平台对评论真实性的重视度。

点评

口碑（Word of Mouth）源于传播学，由于被市场营销广泛应用，便有了口碑营销。传统的口碑营销是指企业通过顾客与其朋友、亲戚的相互交流，从而将自己的产品信息或品牌传播开来。

对于目前正在旅游院校深造，特别是专攻国际导游方向的同学们来说，必须早早地把口碑意识放在首位。身为服务行业的新成员，应该不断了解行业形势的变化，不断实践、学习，让自己的含"金"量只增不减。对于专注入境游的国际旅行社和外语导游，大可借此机会整合内部资源，开拓创新业务和管理模式，以便适应新形势的需要。

2024 年 5 月 17 日，全国旅游发展大会在京召开。习近平总书记对旅游工作作出重要指示，强调"着力完善现代旅游业体系，加快建设旅游强国""推动旅游业高质量发展行稳致远"。签证和支付便利化政策的效应尤为明显，我国已与26个国家互免签证，对38个国家实施单方面入境免签，对54个国家实行过境免签。2024年12月17日起，过境免签停留时间延长到240小时，对外开放口岸增加至60个，政策适用省份增加至24个，免签入境游客可在允许停留活动区域内跨省域旅行。金融部门实施的"大额刷卡、小额扫码、现金兜底"支付便利化措施，有效提升了外国入境旅游者的消费体验感。中美、中欧民航部门就增加航线和加密航班的磋商取得了实质性进展，这在促进国际旅游供应链恢复的同时，也极大地优化了国内旅游发展的制度环境。

四、越剧研学在嵊州

现代社会快速流变，自媒体与短视频流行，传统戏曲文化逐渐被小众与边缘化。如今的家长们面临一个共同的难题，孩子的兴趣与注意力大多集中在电子产品上，手机、电脑是他们课后生活的全部，他们对中国的传统戏曲知之甚少，在日常生活中能接触到的机会也并不多。一方面，越剧的诞生地在嵊州，越剧是嵊州一张文化金名片，我国政府非常重视越剧的推广与普及。另一方面，作为文化大国，也确实希望孩子能够接受传统文化的熏陶，提高艺术鉴赏能力，远离电子产品，培养多方面的兴趣爱好。浙江嵊州芦鸟文化交流有限公司关注到越剧在少年群体中普及率低。于是，"芦鸟"公司结合多方需求，与浙江嵊州越剧艺术学校共同研讨策划，率先开展专门以越剧为主题的多年龄段的研学课程。

每年学校的春秋游时节，我们都会为中小学准备春秋两季的一日研学课程，取名"游园惊梦"。课程以实景体验的方式，把越剧排练从教室搬到艺校的花园、池塘与亭台楼阁等实景中，每个班分为20~25人的两个小队，把游览校园与越剧研学体验结合，给学生们呈现出来的是完全不同于教师在教室里教学的效果。很多学生都是第一次来到越剧艺校,被中式建筑与花鸟园林深深吸引。来到实景区,追鱼池旁老师现场指导排练越剧曲目;藕香榭中,越曲古筝伴奏茶艺展示;长亭边,游园惊梦的造型,现场展示越剧身段;访戴亭中,《三生三世》越剧乐器合奏;入奎阁里,学生正在穿戴戏服头饰,老师正在给他们化着越剧妆容。通过全方位的学习与感受越剧艺校的日常,学生对这种新鲜而又陌生的戏曲有一个初步的了解。午后的问梅剧场,《魅力越剧》的演出又给这些同学提供了沉浸式、仪式感的越剧体验。许多学生是第一次近距离接触、感受越剧,这样的研学体验,与在单纯地从电视或者视频中观看越剧截然不同。短短一天的时间,陌生而又新鲜的研学体验,在充满惊叹、鼓掌与欢声笑语中结束,同时也在他们心里播下一颗喜爱越剧的种子。

暑假,"芦鸟"公司推出惊艳江南越韵夏令营,因为嵊州越剧艺校已经获得绍兴市级研学营地认证,拥有300多个宿舍床位,食堂可以同时容纳300个以上的学生同时用餐。夏令营邀请艺校的众多优秀教师参与教学。同时,也安排艺校的高年级学生留校,协助参与夏令营的日常研学服务与学生管理。

研学课程包含学习戏曲泰斗汪世瑜创作的越剧声韵八操、形体训练、身段展示、服饰穿戴、戏曲妆容,外加《魅力越剧》欣赏。开营仪式是从学习一段越剧声韵操开始的,后面每个清晨,洗漱之后,早餐之前,就是练习越剧声韵操,这是一套很"魔性"的戏曲体操,不但参与感强,动作到位时,跳起来还有一种戏曲的古典美。由于教学专业度高,有些学生在刚入越剧夏令营的前两天会觉得比较枯燥,缺乏耐心,通过后面循序渐进式的学习,掌握越剧唱腔和形体的成就感就会体现出来,生活老师在这个过程中也会及时与家长联系沟通,并不断地服务与鼓励同学们,让他们融入整个班级中。到夏令营结束,通过5天的学习与感受,学生们不仅掌握了越剧的入门基础,会哼会唱,还开始慢慢了解越剧的不同派别与内在的文化内涵,多方位地学习越剧,也让他们学习与感受到了越剧的内在美感。

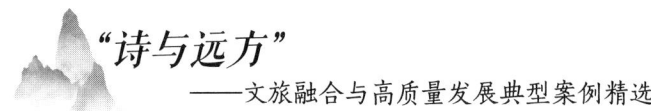

> **点评**

　　研学旅行是研究性学习和旅行体验相结合，学生集体参加有组织、有计划、有目的的校外参观、科考体验、实践教学等的活动。2014年发布的《关于促进旅游业改革发展的若干意见》首次明确了"研学旅行"要纳入中小学生日常教育范畴，将研学旅行等作为青少年爱国主义和革命传统教育、国情教育的重要载体，并支持在各地依托自然和文化遗产资源、大型公共设施、知名院校、工矿企业、科研机构建设研学旅行基地或营地。

　　嵊州越剧艺术学校，是1955年在著名越剧表演艺术家袁雪芬先生倡导筹建的"越剧之家"的基础上，于1996年成立的，校址位于鹿胎山麓。校园依据中国园林的结构来设计，江南园林的校舍、粉墙碧瓦的中式建筑，以及亭、台、楼、阁、榭、水、山满布的校园让人眼前一亮。当学生在校园里学习越剧表演时，他们几乎不相信这是一所学校，更以为是一座私家园林。这是一个典型的专业研学营地。

　　研学公司应该基于课程设计的需要选择合适的研学基地或营地，这是非常重要的。研学越剧，当然应该在越剧的起源地嵊州开展，而嵊州越剧艺术学校从唱腔、身段、道具到服饰、妆容的教学无疑都是最专业、最正宗的研学营地。研学就是将课堂"走出来"，在实景中，进行专题实践学习或探究式学习，既让学生对中国戏曲内容有深入理解，也是对越剧这项"非遗"的极大尊重。我们不仅要为芦鸟公司和越剧艺校文旅融合的合作点赞。

五、赴古徽州研学旅行

　　徽州，一个沧桑古朴的名字。

　　它与一座座白墙黑瓦的小镇、一代代闯荡天下的徽商、一件件雕龙刻凤的文房四宝一起，构成了一幅悠远、宁静、深厚的水墨画卷，透着浓浓的墨香和淡泊超然的人生态度。然而，对于徽州文化孩子们是懵懂的，或一无所知的。所以，一次特殊的研学旅行就这样开始了。

2018年9月，浙江省中国旅行社集团有限公司研学研发中心接受了杭州市上城区教育局的委托，为浙江省研学活动试点启动仪式开发了古徽州非遗文化研学课程，并带领来自辖区内多所学校的30名学生从启动仪式现场出发，奔赴徽州。

该研学课程融合历史、物理、思想品德等学科内容，通过参观考察、动手体验、人物访谈、小组探讨等多种形式逐一展开。学生们通过聆听徽州名人的励志故事，以及赏古建筑、学黄梅戏、品徽菜和观徽州传统工艺，从而感受中国传统文化的温暖底色。古徽州那些曾经的人、事、物虽已渐行渐远，但那些深藏于民间的人文印记依旧栩栩如生。出发前，我们特别要求学生们提前阅读如《皖南古村落》《中国文房四宝》《胡雪岩》《陶行知传》等与徽文化相关的书籍，以便实地探访时有一个更为深刻的理解。

出发离开杭州已是上午9点，车上，研学指导师给孩子们解说了此次研学课程的内容，考虑到3个半小时的车程或许会让孩子们觉得枯燥，指导师们便特别设置了游戏环节。趣味的互动环节瞬间拉近了孩子们之间的距离，原本陌生的彼此一下热络了起来。虽然，抵达古徽州府所在地歙县时恰逢大雨，但孩子们在穿上备用雨披后兴致依旧不减，大家参观了徽州古城，还学习了黄梅戏民谣。考虑到9月末的徽州已是秋意凉凉，研学指导师便预先联系了餐厅为孩子们熬制姜汤祛寒，并叮嘱姜得先炒再熬以祛其辛辣味。用餐前，看着每个孩子都喝上了热腾腾的姜汤，指导师们才稍感安心……除了每次用餐后提醒孩子们在自己的水壶里灌上温水；临睡前用耳温枪读取每个孩子的体温并实时发布至家长群；每天临睡前，家长们除了能实时了解孩子的身体情况，还会贴心地收到一段自己孩子的睡前问候视频。这些瞬间，仅仅是此次研学之旅的一小部分。也正因这些瞬间，父

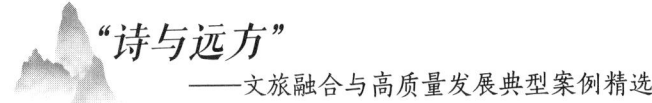

母们觉得放心又暖心。

次日，孩子们在指导师的带领下走访了黟县西递。西递，被称为"桃花源里人家"。《桃花源记》里的那个"芳草鲜美、落英缤纷、鸡犬相闻、黄发垂髫"的意境之地指的便是这里。踏上这片土地便会不由得让人想到那一句"一生痴绝处，无梦到徽州"，谁说徽州无梦，大家风尘仆仆地来到这里，不就是让孩子们领略一下徽州文化的"梦"吗？在青石板铺就的老街，孩子们用欢快的步调踏响了那个古老的梦，一双双稚嫩的小手时而触碰青锈门环，时而用探究的眼神打量着繁杂的图腾……文化，在那些稚嫩却热烈的讨论声里，在一句句疑问与思维火花的碰撞中开始传承。

回程的车厢内，显然比来时安静了许多，此时，孩子们才感疲惫，睡意袭来，呼呼睡去，脸上却依旧挂着甜甜的微笑。

梦里，又回到徽州，回到了那一生痴绝处……

点评

2014年4月19日，教育部基础教育一司司长王定华在第十二届全国基础教育学校论坛上发表了题为《我国基础教育新形势与蒲公英行动计划》的主题演讲。会上，他首先阐明了研学旅行的定义：学生集体参加的有组织、有计划、有目的的校外参观体验实践活动。研学旅行既非单纯的旅游，也非纯粹的学习，可以说，它为青少年搭建了一座理论通向实践的桥梁；为了解中华文化提供了一个交流的平台。那么，如何才能真正实现既满足学生在研学过程中的愉悦体验，又最大化地凸显那些依托在体验之下的教育意义呢？

首先，要保证孩子们能亲自进行体验，也要保证体验项目的潜在教育意义，如此，方能让孩子在寓教于乐间体会到研和学的真正价值。这是普通旅行团不具备的。其次，研学中心派出的研学指导师，能否真正给予学生人文关怀？案例中的"姜汤""耳温枪""睡前问候视频"等小片段皆是人文关怀的具体体现。再者，既是研学，那么作为研学之旅的指导师，具备一定的知识储备量和专业素养是极为重要的，行前更应对相关内容有一个必要的了解与掌握，以求让研学之旅更具针对性与专业性。以上案例中"学生们在出发前阅读相关书籍的步骤"，研学指导师们应做到先行完成。

六、研学旅行与综合实践活动课程的完美融合——"东方剑桥"的研学之行

2023年4月上旬的一个周末，天朗气清，惠风和畅，浙江大学（以下简称浙大），这座莘莘学子梦想中的高等学府，迎来了一批身穿整齐校服、青春洋溢的年轻人，他们是建德新安江中学高二年级的学生，正以"传递微笑，喜迎亚运，弘毅学子，毅起行向未来"为主题开展浙大研学活动。

他们踏过阳明桥，感受王阳明先生在明朝留下的"君子之学，惟求其是"的求是学风；路过竺可桢老校长的雕像，感受浙大西迁时期艰苦办学的精神。"浙大研学"的第一站是浙大生物学国家级实验教学示范中心。这是目前国内高校中面积最大的生物学实验教学基地，有24个配置中央纯水循环系统、计算机网络、多媒体投影系统和空调系统的生物学教学实验室。一进入大楼，学生们就迫不及待地跟着实验员到真菌实验室参观。实验架上整齐罗列的、处于不同培育阶段的菌菇培养基和干净明亮的实验操作台，引发了学生的好奇心与求知欲。在实验室林教授的带领下，学生们一起参观了建设多年的菌菇标本馆，置身其中，仿佛来到异次元的奇妙菌菇世界：需要双手才能托起的巨型层孔菌、寄生在不同生物上的虫草……林教授还特意给大家讲解了灵芝："所谓'百年灵芝、千年灵芝'的说法都是不准确的，实际上灵芝的生命周期只有一年，百年、千年的说法其实更倾向于古人对其药用价值的定位。"学生们纷纷感叹过去只在生物课本上看到过真菌和孢子的图片，今天有机会真正接触到，真是大饱眼福！

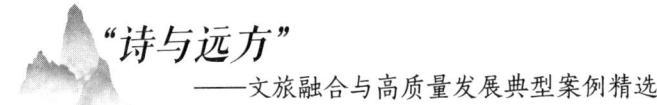

随后,实验员带领学生们参观植物园。一路上,实验员一边给大家讲解科普园内的植物,一边分享自己在浙大的学习生活。他在讲到一株结有红色果实的植物时,提出"这种植物在古代文学上有何体现",学生们也争相热烈地回答:是王维诗里的红豆!是"愿君多采撷,此物最相思"的那个相思豆!通过实验员的讲解,大家了解到这一植物学名为相思子,是豆科红豆属藤本植物,含剧毒,但亦可入药,药用价值强。路边立着几株高大的荷花玉兰,这一植物又名广玉兰,属于木兰科木兰属常绿灌木或乔木,因其花形似莲,故得名荷花玉兰。"那它与上海市花白玉兰有什么区别呢?"很快就有学生提出了自己的困惑。实验员也给出了答案:荷花玉兰为常绿乔木,叶片宽大,且背面有铁锈色绒毛,而白玉兰则为落叶乔木,先花后叶,开花时因其一树均为洁白花瓣的壮观景色而深受喜爱。实验员细心的讲解与学生们积极的提问,让这座静寂许久的植物世界再次热闹起来。经此一行,学生亲眼见识到了诸多生物课本提到的植物,并和实验员一起分析其科属、器官特点,在实践中重温生物知识。这种互动性强且充满趣味的研学模式将持续鼓励他们主动了解更多植物学、生物学知识。

石子路疏影横斜,启真湖池水清浅,掩映在竹林与岁月里的南华园,静静地看着这批年轻的来访者。学生们又在浙大校园讲解员的带领下,一路游览浙大校园。路上时常能听到他们的惊叹。宽敞干净的篮球场、网球场,还有攀岩墙、气膜馆……种类齐全的体育场馆也让男孩子们的情绪不断高涨,纷纷发出在浙大求学真幸福的感叹。

"浙大研学"以校史馆参观收尾。一进馆,大家的视线就被巨幅油画《惟学无际》吸引。油画上勾勒了99位与浙大发展历史息息相关的人物,也记录了浙江大学一百余年踏踏实实的办学历程。浙大历史起源于1897年林启先生创办的求是书院,馆内还陈列着当时求是书院学生的毕业文凭。受战火纷扰,求是书院几经波折,后改建为国立第三中山大学,不久后又确立为国立浙江大学,中华人民共和国成立后,浙大为了适应国家教育改革的需要,在1998年又重新合并,组建为如今的浙江大学。

从清朝末年的求是书院，发展成如今的世界一流大学，浙大跨越了百年历史，而在浙大的研学，则让高中生们切实感受到了浙大严谨求是的学风，在浙大的校园内陶冶了自身的情操。

> 点评

教育部于 2017 年 9 月发布的《中小学综合实践活动课程指导纲要》（以下简称《纲要》），进一步明确了综合实践活动课程是培养学生综合素质的跨学科实践性课程，并将其归纳概括为考察探究、社会服务、设计制作和职业体验四大类。其中，"考察探究"包括野外考察、社会调查、研学旅行等方式。

近几年，研学旅行受到了教育领域的广泛关注。但是，在实践领域，研学旅行活动仍存在"假研学、真旅游"的现实困境，且学校教育与社会教育未实现有效衔接。为了解决这一问题，须不断加强研学旅行课程的开发与完善，将研学旅行同已有的综合实践课程有机地结合起来，达成实践资源的优化配置，充分发挥研学旅行的积极作用。

案例中，杭州华顺旅行社有限公司设计与运营的"行走中的课堂"以著名高校浙江大学为授课地点，以"与智者同行，与高人为伍"为理念，设置探究性课程，完全符合《纲要》的要求，将研学旅行同已有综合实践课程有机结合起来，实现了高中与大学的衔接、现实与梦想的融合，值得点赞并值得文旅界同行学习。

七、研学基地——培养科学素养与精神的摇篮

8 年前一个偶然的机会，我的朋友虞先生看到了一张伟大的照片，这张照片瞬间激起了他内心的波澜。这是一张拍摄于 1927 年索尔维会议（Solvey

Conference）的合影，照片中云集了20世纪最聪明的大脑和全球1/3的"智慧宝库"，他们是爱因斯坦、居里夫人、普朗克、洛伦兹、薛定谔、德布罗意等17位诺贝尔奖获得者。是他们推动了一代又一代科学的发展，让人类文明实现了天翻地覆的变化。而我们的孩子，从小崇尚的，应该是对于科学进步的追求，以及致力于推动世界发展的远大目标，而不应该只有对于娱乐明星的追捧和贪图安逸的生活。我们有责任让我们的孩子构建起一个完整的世界观和正确的价值观，知道如何建立人生的目标与规划，以及为自己的梦想去放手追逐。事实上，我们的每一个孩子，天生都是探索家，于是，研学机构精心设计的MSSS（MUTA SCIENCE SUMMER SCHOOL，木塔科学夏校）科学大爆炸主题夏令营就应运而生了。这个夏令营就是为每一位向往未知世界的孩子而准备的。从普朗克时间（$10E^{-43}$秒）宇宙形成到46亿年地球发展，从银河系浩瀚太空到原子级微观世界，研学基地的老师带孩子们穿越时间和空间的束缚，让他们系统地了解我们是谁、我们从哪里来、我们生活的世界是怎么样的、我们的未来将走向哪里，以及我们如何共享这个唯一的地球。

人类探索世界和自我的2500年动人史诗，透露着不顾一切的热情与勇气，人类即使失败也不会停下探索的脚步。在我们的科学营会中，我们将站立在前人伟大的肩膀之上，用实验工作坊的形式，通过海底火山爆发、星云DIY、黑洞实验、太阳系模型制作、磁悬浮实验、棉花糖机、昆虫标本制作、大象的牙膏等超过20种科学史上最经典的科学实验工作坊，重温和致敬那一段段艰辛而又辉煌的科学之路，让孩子们知道所有美丽的成果都是需要不懈的努力和不断的失败换来的，帮助他们建立正确的价值观，知道什么才是最有价值的事。

解决问题的能力始终是伴随人一生最重要的能力，我们需要用面向未来的学习方式来设置我们的课程。PBL（Project-Based Learning）即基于项目的学习方式，指以学生为中心，将学习与现实任务或解决问题挂钩，使学生在复杂、有意义的真实问题情境下，通过一段时间的自主探究和分工合作解决问题。这种从实践而来的教学法，使学生能够学习、掌握和运用跨领域学科知识，同时又能培养学生解决问题和自主学习的技能，"让学习流行起来"。

如何探究海底火山喷发？如何用地质学家的工具考察地球内部数十亿年的演化迹象？如何在森林公园进行物种多样性的调研并撰写调研报告？如果使用日常的工具造一艘船验证阿基米德定律？如何利用仿生学原理把自己变小进入神奇的微观世界？通过每一个项目的学习，学生们渐渐建立起对科学的兴趣，从不知道到渐渐知道，直到全部明白，让我们觉得特别宽慰。帮助孩子开启正确的世界观和价值观，培养科学素养和精神，启发科学兴趣，掌握科学方法，营地教育和研学是最为有效的方式，学生们在营地中成长、在营地中收获，也是我们这些研学人最希望看到的。

点评

研学是培养学生社会责任感、创新精神和实践能力最重要的渠道和载体，是近年来"读万卷书"和"行万里路"有机融合的有效形式，也是"诗与远方"在一起的直接体现。自从研学旅行发展起来以后，为了让学生们能享受到趣味性、学习性、实用性的研学旅行，很多的研学旅行机构都投入大量的资金来打造研学旅行基地，但是想要打造一个合格的研学旅行基地并不十分容易。

"木塔与天空"打造的这个研学基地是一个比较成功的案例。首先，研学基地要具有很强的地域性、场景型。特别是涉及自然类、地理类等这种场景要求很真实的课程，一定要结合实际环境进行，让学生在研学旅行的过程中能从各个方面享受到研学旅行的学习和乐趣。其次，该基地自身拥有良好的餐饮住宿条件。再次，专业的策划团队能够合理制定或实施研学旅行课程方案。"木塔与天空"的品牌创始人是学理工科出身的，本身就是策划团队的主要人员之一。最后，研学基地要具备好的研学项目。研学旅行的目的就是为了让孩子们在研学旅行中能够学到某些知识或者掌握某种能力，因此研学旅行的活动不仅仅要设置得有趣生

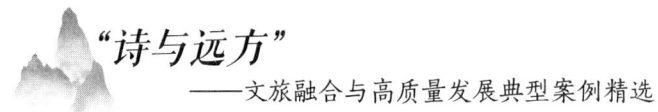

动，富有吸引力，同时还应该具有知识技能教育、生活学习锻炼、智力潜力开发等作用。

研学旅行基地建设的合格性固然重要，但目前也存在产品单一、游和学各有偏重的问题，因此研学旅行要不断创新、突破和完善。一个创办优秀的研学旅行基地应该具备软件+硬件都能满足学生们的研学旅行需求的条件。基于此，上文中的研学基地做到了，我们要为它点赞。

八、赏花品蟹苏北行

提起江苏的城市，大多人对南京、苏州、无锡、常州、扬州等江苏省内的知名城市耳熟能详，但对于盐城、淮安等相对"低调"的几座城市则普遍比较陌生。那么，如果从旅游的视角来看，盐城、淮安这样的苏北城市有没有能够打动浙江游客的卖点和亮点呢？

带着这个思考，2021年9月16日，浙江品质旅游组团联盟一行30多位旅行社老总和旅游院校的学者，满怀期待地踏上了盐城、淮安的踩线考察之旅。

经过3天的踩线考察，盐城、淮安这两座城市的旅游资源令人耳目一新，刮目相看，这两座城市独特的人文自然魅力，惊艳绽放在每一个人的心里。

盐城地处黄淮平原，东临黄海，是丹顶鹤的家园、麋鹿的故乡，素有"东方湿地之都，仙鹤神鹿世界"的美誉。盐城市大丰区以田园、河网、建筑、风车、花海为设计元素，学习荷兰先进经验，打造了AAAA级的荷兰花海景区，并且金秋的百合花海深处还矗立着一座以奇特建筑空间构建而成的大型沉浸式体验剧场——著名导游王潮歌执导的《只有爱·戏剧幻城》，每天定时上演关于爱情主题的浪漫与温暖。而盐城的大纵湖景区，也是一个令人惊喜的宝藏级景区。芦苇荡与湖上水道自然形成的景观，从空中俯瞰犹如一座巨大的水上迷宫。大纵湖独具特色的鸿雁放飞表演，实属难得一见：船行碧波，鸿雁绕飞，如此壮观奇景，怎能不让人心生欢喜?

淮安是国家历史文化名城,也是一代伟人周恩来总理的故乡,因淮安在京杭大运河上的特殊位置及对运河文化的保护开发成绩斐然,所以它还有中国"运河之都"的美誉。淮安的周恩来纪念馆,是全国爱国主义教育基地、江苏省著名红色旅游景点,也是国内为数不多的免费向公众开放的AAAAA景区。至于淮安优美的自然景观,首推烟波浩渺的全国第四大淡水湖——洪泽湖,乘坐网红小火车,漫游有着1800年历史的"水上长城"——洪泽湖古堰大堤,清风徐来,秋色满目,令人心旷神怡。更值得一提的是淮安的美食和应季特产。对于名扬四海的淮扬菜来说,淮安是其重要起源地之一;淮安市洪泽区被称为"中国蟹都",好水养好蟹,这里出产的洪泽湖大闸蟹是中国地理标志保护产品,被评为"中国十大名蟹"。

经过3天的实地考察,"赏花品蟹、不负秋约"盐城、淮安三天赏秋主题产品应运而生,联盟秘书处产品组随即将线路推向市场,"花海盛宴、戏剧幻城、芦荡迷宫、鸿雁放飞、伟人故里、水上长城、洪泽捕蟹、淮扬美食"等众多创新体验元素,引发市场的良好反馈。联盟各成员单位积极行动,迅速引爆市场,大巴团、自驾团、定制团、自由行从9月19日开始陆续发班近300人,游客对应季的花海美景、美味的洪泽湖大闸蟹等新景观、新体验,无不交口称赞。

在"赏花品蟹、不负秋约"的盐城、淮安3天赏秋主题线路市场营销的工作中,联盟创造性地启动收客单位"积分累进"机制,对参与营销收客工作的会员单位实施收客荣誉积分奖励政策,充分调动了各会员单位的营销收客积极性,这一举措也是该产品营销取得良好成果的有力保障。

点评

浙江品质旅游组团联盟是一个旅行社企业自发组成的民间组织,自2010年成立以来,目前已发展成为拥有101余家企业会员的旅行社同业联盟组织,联盟

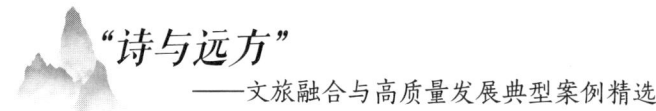

在秘书处的坚强领导下,展现出极强的凝聚力和战斗力,是浙江省内旅游组团市场的一支重要力量,在业内享有很高的盛誉。联盟自成立以来,就有一项非常重要的职能定位——拓展新资源,开发新产品,统一行动,抱团收客。

2021年,周边短途2~3天的产品线路成为当时旅游市场青睐的主力产品。这类产品出游半径短、出游时间短、出游费用也相对实惠,用户消费的决策成本相对更低。盐城、淮安3天线路,符合当时主流产品趋势的市场需求。案例中,联盟老总们经过亲身实地踩线,联盟产品组与杭州金榜旅行社紧密配合,随时将"赏花品蟹、不负秋约"的盐城、淮安3天赏秋主题线路推向市场。我们纷纷为之点赞。

从浙江品质旅游组团联盟的产品运营实践案例中不难看出,旅行社企业唯有坚定信心,快速应变,深挖潜力,携手抱团,牢记价值服务使命,以市场需求为导向,加快产品和服务迭代升级,才有可能杀出一条活路。

九、江南人的"苏面坊"

受突发事件的影响,2020年旅游公司所有旅游团队运作全面叫停,本应该是忙得不可开交的2020年春节旺季,办公室里却冷冷清清。旅游项目停滞了,但是海峡人的思想却没有停滞,浙江海峡国旅选择了另外的经营思路,争取重新焕发生机。在这样的环境下,线下没有市场,那我们是不是可以趁着这个时候开拓一下线上的产品运作呢?旅行社是否可以建立自己的平台,如果有自己的电商平台,那么我们就可以将产品放到线上售卖,规则完全由自己制定,相对更加灵活,不再受制于他人平台条条框框的限制。于是,浙江海峡国旅推出了"佳游趣购商城"小程序,上架了一系列产品,既然长线旅游线路无法售卖,那么周边可以售卖呀!全国人民关在家里这么久,去不了千岛湖,买袋千岛湖的有机米总是可以的;去不了恩施,买点恩施的富硒小土豆总是可以的;去不了台湾,买盒台湾的牛轧糖总是可以的。小到糖果零食，大到飞天茅台，这个小程序上应有尽有。自此，海峡人的朋友圈从以前的旅游产品分享，变成了上小程序秒杀抢购的宣传。

在开发小程序、发展线上业务之后，浙江海峡国旅也做出了相应的战略调整，将目标对准突发事件下快速恢复的餐饮行业，选择了精致、高端的苏式面，选择了开启"苏面坊"餐厅。苏面坊品牌的起源可以追溯到20世纪三四十年代，品牌创始人是苏州归国老华侨。苏州人崇尚慢生活，曾品尝过苏面坊的老苏州们说起"苏面坊"都有相同的评价："汤头有独家配方，浇头也多样，必配3种以上。"那时的苏面坊，宾客络绎不绝。如今，创始人的继承者归国并升级了品牌，把苏面坊置身于五星级酒店中，大隐隐于市，以高端、私密来彰显一碗面的价值。苏面坊以匠心精神去做好每一碗面，而且这不仅是一碗面，更是一种属于苏州独有的文化精神。

经过浙江海峡国旅全体员工的一致努力及内部员工的调整，员工的部门归属问题和面店人手不足问题得到了很好的解决。他们成功地在五星级酒店——杭州黄龙饭店开了第一家店，店面的装修也十分考究，深褐色系给人的感觉是温暖，希望能第一时间带给客人家的温暖，木质的装饰给人一种清新、格局宽阔的感觉，让食客们轻松而自在，体验慢生活。苏面讲究精、巧，给人一种细、雅的感觉，一碗面足以展露江南的风情万种。

每天做好100碗面，给来宾送一壶茶、一杯酸梅汤，3小时的免费停车券，给12周岁以下的儿童赠送哈根达斯冰激凌，这就是"苏面坊"与众不同的经营方式，受到了酒店及周边商务客人的青睐。

点评

旅游业是基于信息交互传播的产业，随着"互联网＋旅游"更加深入的融合，以互联网为代表的信息技术成为旅游业发展的重要动力。浙江海峡国旅在小

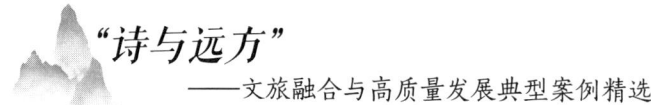

程序上将旅游产品以预售、优惠券等方式出售,在空间受限的情况下,将传统旅游业和互联网紧密结合。

尽管餐饮业与旅游业有所区别,但两者息息相关,企业在经营旅游业的同时,跻身餐饮业,为旅游产品提供强有力的后勤保障,也不失为一个新思路。华东一带从来不缺前来领略江南风情的游客。西湖泛舟结束,来上一碗秃黄油面,更是成了行程中的一大亮点。杭州人心目中的"苏州面食",外地人心目中的"江南面条",这就是"苏面坊"的经营宗旨。它不仅将苏州、杭州这两座天堂城市联系在了一起,而且将整个江南的饮食文化都串联在了一起,丰富了江南饮食文化的内涵,延伸了中华饮食文化的外延,又解决了旅行社经营困难期间员工的工作出路问题,我们为文旅融合下旅行社多元经营的理念点一个大大的赞。

十、走在美食的新丝路上

中国和意大利,是两个热爱生活的民族,特别是对美食的要求更是如此。勤奋的中国人在劳动工作中挤出吃饭时间,也会搭桌摆上数菜一汤,全家大小举筷共聚;而意大利人刀叉间的首盘或面食或炖饭,主食或肉类或海鲜,面包、葡萄酒、矿泉水亦是必备,餐后咖啡也绝不能少。有着南欧风情的蓝天海水、底蕴丰富的艺术文化历史,以及各类享誉世界的食材,是让意大利人念念不忘的根本所在。高山海洋的自然条件,提供了北方以肉类、南方以海鲜为主的饮食传统,而2/3的山坡地形则为葡萄的生长提供了理想的环境,显然,这也让意大利成为世界知名产酒国。当然,还有让意大利人很是自豪的民族标志——另类主食Pasta。在每个大城小镇,Pasta这个有着一样的名字却风味不同的面点,其做法、配料、长相,随着乡镇方言不同而有所不同。

我们视家里的餐厅抑或厨房为重要场所,大家围餐桌而坐是陪伴式成长的生活习惯……食物,扮演着无以取代的角色,而身为主厨的家人炮制出的传统美味是代代相传的记忆里链接出的美食底蕴。尊重传统、维护历史古味、不遗余力、充满想象力且爱变化的意大利人和勤劳智慧且创意无限的中国人,对于美食的坚持和热爱,真的极为相似。

2019年11月,浙江旅游职业学院与意大利ALMA学院的两校联盟发布会在杭州举行。除了开展两校签约仪式外,活动还邀请中意两国嘉宾、学者等出席论坛及意式高规格晚宴。意大利ALMA学院(ALMA拉丁语意为"生命力")是当今意大利最权威的意大利美食国际学院,该学院希望将传统意大利地方烹饪风格得以发扬,并糅合进更健康的现代做法,强调从实际中验证,将激情化为专业。学院位于意大利美食之都Parma近郊Colorno,以20人小班制每天8小时严格授课,除校内固定老师并邀请校外客座星级厨师外,国际班课程还有烹饪和现代烘焙班。ALMA在全球有数十所合作院校,每天,人们都能看到不同国籍的年轻学子穿梭在美食殿堂,他们终将成为最专业的厨师、烘焙师、品酒师……为推进两校进一步深化合作,联盟将在意大利开设中华烹饪培训班,并对意大利当地的中国餐厅开展培训及指导,由浙江烹饪协会和浙江旅游职业学院共同颁发相关认证。同时,浙江旅游职业学院厨艺学院亦将开设意大利烹饪班,讲授意大利基础烹饪、饮食文化及意大利语等课程,在具备了意大利烹饪基础知识后,同学们还有机会前往意大利进行深造。

2019年3月,中意两国"一带一路"合作协议的签订、两国多元化合作的推进,亦推动了世界文明的开放与和谐。两校的联盟在"美食新丝路"的愿景下,致力于让中意烹饪美食文化得以深度交流与深远合作。

点评

意大利经济发展部副部长杰拉奇表示,中意两国在农业、食品、绿色和数字经济方面的合作前景广阔,产业互补性强。前国务委员兼外长王毅也曾表示,中意经济具有高度互补性,双方深化制造业、农业及创新等领域的互利合作,必将为两国工商界和民众带来实实在在的好处。中方愿鼓励有实力的中资企业到意大利投资兴业，相信意方也会为中国企业提供公正、透明的营商环境。

历史文明和人类才智始终贯穿着中意两国的交往，使得这两个世界文明古国的关系具有无可比拟的独特性。古丝绸之路在人类历史上留下了浓墨重彩的一笔，"一带一路"的倡议也将打造中意合作新的繁荣之景。未来，会有更多的现代版马可·波罗往返于这两个古老却朝气蓬勃的国家之间。浙江旅游职业学院与意大利ALMA学院，定将双向紧握交流之任，传承不息的薪火，照亮美食新丝路。

十一、乌镇：诗意生活中诞生的康养胜地

说起乌镇，记忆中会不自觉地闪现出《似水年华》里那个场景：两道白色的身影，在青石板铺就的悠长巷道里渐行渐远。白墙黛瓦的背景下，他们的脚步仿佛踩在了时间的褶皱上，让整个画面凝固成一首朦胧诗。而真实的乌镇，确实拥有让时光放缓脚步的魔力。

记得2000年初访乌镇，我带着澳大利亚的旅行社代理人来乌镇考察，那些木结构的民居临水而立，斑驳的墙面爬满岁月的痕迹。摇橹船划过河道时，水面泛起的光影在粉墙上跳动，宛如放映着古老的黑白默片。后来因为工作关系，我又多次造访这座水乡，每一次都能在熟悉的景致里发现新的惊喜。

2020年盛夏，我选择重返乌镇，作为暑期疗休养之地。20年光阴流转，当都市的霓虹与喧嚣已成为日常，这个枕水而眠的小镇依然保持着从容的韵律。清晨，推开临水的木格窗，可见对岸的老茶客正就着第一缕阳光品茗；午后，躲进巷弄深处的书屋，任纸页的沙沙声与远处的摇橹声交织成眠；入夜，灯笼次第亮起，将蜿蜒的水巷染成暖黄色，恍惚间仿佛穿越回那个"从前慢"的年代。

乌镇最动人的，是它对时间的独特诠释。这里的每一块青石板都记录着无数

足迹，每一道木纹都镌刻着岁月的故事。走在西栅的石板路上，脚步声会不自觉地放轻，生怕惊扰了正在打盹的时光；转角处或许会遇见正在晾晒蓝印花布的老人，他的动作缓慢而专注，像是进行某种庄严的仪式。这座活着的古镇，既保留了完整的水乡特色，又巧妙地融入了现代生活的温度。老宅改造成的民宿里，古朴的木梁下是舒适的生活设施；传统酱园仍在用古法酿制豆瓣酱，而隔壁的咖啡馆里飘着现磨的香气。这种新旧交融的和谐，让乌镇成为都市人理想的栖居地——既能暂时逃离喧嚣，又不至于与时代脱节。

有人曾质疑：乌镇是假的。最能代表乌镇风貌的东栅、西栅老街，是近20年逐渐修复的，石板老街都是别处搬运而来。但确如乌镇总规划师陈向宏回复的那般：真做"假"时"假"亦真。

清晨7点，阳光微微亮起，我与同伴前往早市采风。走在曲折绵延的石板路上，偶遇三三两两工作人员，他们微笑着用吴语向我们点头问好。这乡音里的温度，一下子把我拉入乌镇的生活中，恍惚间我们已是相识已久的左邻右舍。跨过几座小桥，沉睡的乌镇逐渐苏醒。从曙色里，或撑一支长篙，或摇一柄烂桨，多只摇橹船从四面八方涌现，聚向乌镇特设的水村早市。大爷大妈们带着新鲜水灵的瓜果菜蔬、活蹦乱跳的鸡鸭鱼虾而来，闲摊上的人们互相话着家常，偶尔还有游客与餐馆老板询价，你让我推，讨价还价，吴侬软语似一首晨光曲。乌镇以人、以物、以情怀，打造了一个真实的水乡生活，令游客充满参与感与存在感，这样的"造假"何乐而不为。

乌村是我在乌镇最钟爱的地方。这座毗邻西栅的江南古村落，完美诠释了传统农耕文明的精髓。在这里，你可以租赁一方田地，亲手栽种心仪的蔬果，体验"日出而作，日入而息"的农耕之乐，静待大地慷慨的馈赠。斑驳的矮楼里，升起袅袅炊烟，这正是向孩子们讲述人间烟火故事的最佳课堂。对于久居都市的我们而言，这里就是向往的生活本真——晨起耕作，掬一捧清泉洗去疲惫；劈柴烧饭，见证灶火中食材的华丽蜕变；待到月色爬上屋檐，枕着潺潺水声与点点星光，坠入甜美梦乡。

　　乌镇以它白墙黛瓦的水乡风貌，向世人展示着中华文化的独特韵味；以前店后坊的格局、舟楫往来的市集，演绎着东方生活的传统智慧。当地导游介绍，通过举办"乌镇戏剧节"和"世界互联网大会"，这座古镇既守护着传统文化根脉，又搭建起中外文明对话的桥梁。生活与艺术在此交融，古朴与科技在此共生，让乌镇焕发出无限可能。这或许就是生命最美的姿态：如古树般扎根沃土，不忘初心；又如新枝般迎风生长，终成葱茏。

点评

　　自2018年，浙江省委、省政府提出打造"四条诗路"以来，"浙东唐诗之路""钱塘江诗路""大运河诗路""瓯江山水诗路"的文化概念便逐渐进入人们的视野。这4条诗路以诗为纽带，吸引了旅行社将其设计成旅游线路和无数游人前往沿途城市一览浙江秀丽山水，感受历代文人墨客留下的文化瑰宝。

　　疗养旅游，又称休养旅游，是集休闲、疗养和观光于一身的健康之旅，在欧美及日韩各国流行多年。2000年以来，休闲疗养旅游日益风行，成为深受旅游爱好者，特别是企业家、公务员、白领阶层及老年群体喜爱的时尚休闲行动。

　　疗养与旅游两者之间最大的区别就是时间的长短，行程速度的快与慢。一般来讲，旅游是人们为了追求精神上的刺激，利用假期前往各处去旅行，还有旅游之中所发生的一切。旅行社安排的疗休养旅游的行程基本上都是半天旅行，半天在酒店或者酒店周边地区活动，以休憩为主。乌镇就是一个具体、典型的江南水乡风格的疗休养胜地。如果疗休养归来后，旅客纷杂的心情沉淀了一下，或者身体慢慢恢复到了原来的状态，则说明疗休养的效果就达到了。

十二、和合文化：文旅融合中天人合一的观念

东海之滨，一座以山为名的城市枕浪而眠。台州——这座被唐诗浸润的浙东古城，既是"七山一水二分田"的微缩盆景，又是山海相拥的和合胜地。浙东唐诗之路的墨香从钱塘江畔迤逦而来，穿过剡溪的烟波、天姥的云霭，最终在这片山海交汇处落下最浓重的一笔。天台山是这座城市永恒的诗眼。李白笔下"四万八千丈"的巍峨，不仅成就了"势拔五岳"的雄奇意象，更在东南大地上树起一座精神的丰碑。杜甫所见"海冥冥""岛屿青"的苍茫画卷，至今仍在东海之滨徐徐展开。这些鎏金的诗句，早已化作山间的云雾、海上的风涛，在台州的每个晨昏交替中反复吟咏。

台州作为佛教天台宗和道教南宗的发源地，自古便是佛道文化的重镇。《和合之道》一书在追溯中华和合文化渊源时指出："中华和合文化肇始于龙图腾文化、三祖文化及天台山文化。"天台山以其丰厚的文化积淀，滋养了博大精深的和合文化传统。习近平总书记在《之江新语》中强调："我们的祖先曾创造了无与伦比的文化，而'和合'文化正是其中的精髓之一。"其中，"和"蕴含和谐、和平、中和之意，"合"则包含汇合、融合、联合之义。这种"贵和尚中、兼容并蓄、厚德载物、和而不同"的文化特质，体现了中华民族一以贯之的精神追求。

千年前的诗人们或许未曾想到，他们笔下的山水意境，如今已成为这座城市最生动的注脚。2024年7月，我再次踏上了天台山的旅程。夏日的天台山，满眼都是浓得化不开的绿。赤城山那一抹红在层层叠叠的绿意中跳出来，知了在树上没完没了地叫着，山涧里的水哗啦啦地流，活像一幅会动的水墨画。这趟来，我把国清寺的清净、赤城山的壮实、寒山湖的温柔、石梁飞瀑的奇妙都装进了心里，但最让我念念不忘的，还是寺里那对老和尚的对话。在《寒山问拾得》一

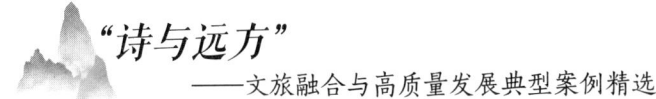

"诗与远方"
——文旅融合与高质量发展典型案例精选

文中,寒山和尚问道:"世间若有人诽谤我、欺负我、侮辱我、嘲笑我、轻视我、贬低我、厌恶我、欺骗我,我该如何应对?"拾得微笑着回答:"只需忍耐他、宽容他、随他去、避开他、尊重他、不理他,再过几年,你再看他的结局。"这段警世之言,弘扬了崇教向善、宽容忍让的精神,是中华民族传统美德的体现。

"和合"二字,在天台山处处可见。我深深着迷于天台山的"和合文化"——儒、道、佛三家在这里交融共生,不争不抢,反而彼此滋养。寒山与拾得,这对千年知己,被雍正皇帝封为"和合二圣",成了中国人心中"和睦圆满"的象征。和合文化表现形式多样且内涵丰富,国清寺里那块《寒山问拾得》的石碑,更是藏着最朴素的和合处世智慧。寒山这个人,本身就是"和合"的化身。他爱天台山的云霞松竹,与自然浑然一体;他和拾得,一个流浪汉,一个孤儿,非亲非故却亲如兄弟;他科举失意,隐居寒岩,荒山野岭中反而逍遥自在。人与自然、人与人、人与自己,处处都是和谐。因此,和合文化不仅体现在儒、道、佛三教的融合上,还包括天人合一、人人和合、身心和谐。

曾子说:"吾日三省吾身。"这趟台州之行,让我也多了几分自省。天台山的"和合"智慧,说到底是与天地共生、与众生共处、与自己和解。它不空谈大道理,而是教人活得踏实、包容,在融合中寻找新的可能。离开时,山风拂面,忽然觉得,人生若能如这天台山水——既有儒家的担当,又有道家的洒脱,再加点佛家的慈悲,大概就是最好的"和合"了吧。

点评

古代世界曾存在过四大文明古国,即中国文明、印度文明、埃及文明、两河文明。除了中国,这些古老文明都曾拥有各具特色的辉煌,而五千多年来,中华各族人民在改造自然、改造社会的过程中,融合成"多元一体"的中华民族,创造了灿烂的中华文明。中华文化的精髓,就在于"和合"。

天台山和合文化是指佛教天台宗、道教南宗、儒家理学之间共处、共修、共融的文化关系。从和合的文化结构学来看，主要体现在以下3个层面，一是指人与自然的和谐，即"天人和合"，二是指人与人、人与社会关系的和谐，即社会和合，三是指人的精神境界的自我和谐，即"自我和合"。

浙东唐诗之路，是继丝绸之路、茶马古道之后的又一条文化古道。它以曹娥江、剡溪、椒（灵）江为主线，涵盖了宁波（奉化、余姚）、舟山支线，覆盖杭州、绍兴、台州、宁波、舟山等部分行政区域。天台山作为浙东唐诗之路的终点站，又是和合文化的发祥地，它可以以得天独厚的天台山文化为依托、唐诗之路和中华和合文化为突破口，按照中小学生可游、可学、可研、可做、可秀、可评的总体要求，以"重走霞客古道·研读霞客游记""重走唐诗之路·品味和美唐诗"为主题，设计多条主题串联式研学实践路线。这非常值得教育机构和旅行社共同去开发。

十三、新光村廿九间里——旅游、创业、产业的完美融合

"一路行来一路新，青山寂寂水粼粼……"这句歌词是来自浦江新光村的一首村歌《星光》。放眼望去，整个村落被绿水青山环绕，可谁曾想到，这里曾经是污水横流的水晶加工重点村，经过"五水共治"，政府的大力修葺，新光村才重获新生。

新光村，又名"廿五都朱宅"和"灵岩古庄园"，位于浙江省金华市浦江北部，古村始建于清乾隆年间，距今已有260多年历史。古村中的灵岩古庄园，始建于1738年，总面积15000余平方米，是个已有300多年历史的充满浙商传奇经历和故事的江南大院，更是被人们称为徽派建筑和杭派建筑的博物馆。清乾隆年间，该村始祖朱可宾（灵岩公）开始在杭州、湖州一带经营木材、靛青染料和茶叶生意，富甲一方，号称"朱百万"。灵岩公自己赚了钱，不忘乡亲百姓，他赈灾济贫、修桥铺路、建渡口、开办免费学堂等。他花重金从杭州请来高人为其

设计和规划大庄园宅第。目前，村里保存有近20幢古建筑，上面的石雕、砖雕、木雕、泥塑等工艺精湛，墙书壁画碑刻内涵丰富，以四进厅堂为中轴线，东西分别六幢厢房，两横两纵的井字街巷，设计精妙，脉络清晰，堂道宽敞，时称"金华第一家"，被誉称为"江南的乔家大院"。灵岩古庄园不仅是一座古朴、典雅、幽静的江南古宅院，更是一处感悟天、地、人和的精神家园。

如今，有一位传奇人物生活在新光村，他利用短短的4年时间，把落寞古村做活做美，他便是国家级乡村旅游创客示范基地——廿九间里的掌门人陈青松。采访时，陈青松看着这片重获生机的村落，自夸道："我最清楚我们这里做什么能够吸引游客，能够赚钱。"我们都见过不少乡村创业、开发的案例，许多资深乡创者都提到过一个经验：想要做好乡村振兴，把村子真正做活做美，一是要选对业态（产业引入），二是要先让当地人看到他们可以从中获得的收益。像新光村一样、曾经陷入凋敝的乡村，正是因为有了陈青松等人为其引入产业，才逐渐有了人气，而当地村民也从日益增长的人气中积累了原始资本，有了开商铺、办农家乐、进行民宿升级的进步空间，从而能为后续的游客提供廿九间里所不能提供的住宿、餐饮消费。这正是"陈青松们"为古村打造的具有针对性的良性循环发展模式。

沿着小路，缓缓而行，看着远方被云雾环绕的群山，我不知不觉间来到了新光村的一座古桥——镇东桥，古桥东西走向，横跨在茜溪上，为单孔石拱桥。两棵古树立于桥北侧溪岸上，一棵是百年榆树，另一棵则是黄连木，它们与桥一同见证了新光古村的兴衰。

村落伊始是诒堂，"诒"有着五谷丰登、乐善好施的意思，但当地村民更喜欢称它"大厅"，气势恢宏。门前有一口水塘，名曰道德仁池。沿着斑驳的老墙，踏上青石板，穿过错落有致的弄堂，来到了廿九间里，这里通道虽窄，但两旁屏门格扇，雕花游廊，古色古香；天井中条石台阶绿苔斑斑，古老凝重。它有南北各十间，东、中、西各三间，是远近最大的单幢古屋。坐在廿九间里，品一壶茶，听一曲歌谣，赏一方美景，岁月静好，也不过如此。

如果有空，不妨来浦江新光村走走，这儿是看遍人间烟火后，依然会想念的那个熟悉的"角落"。

点评

按照"全景式打造、全季节体验、全产业发展、全社会参与"的思路，将一个个村庄变成游客能旅游、爱旅游的目的地，使乡村旅游成为农村发展、农业转型和农民致富的新动力，不仅护住了"绿水青山"，更让村民共享了"金山银山"。浦江新光村打造的乡村旅游创客基地廿九间里，便是极具典型性的一个，它的"旅游＋创客＋互联网"模式是旅游、创业、产业的完美融合。

浙江省全域旅游发展大势已成，呈现出全面发力、多点突破的特点和纵深推进的良好态势，但仍存在区域发展不平衡、重视程度不均衡、特色亮点不鲜明等不足。基于此，浙江旅游职业学院师生团队利用暑假时间，开展了浙江省AAA级景区村庄的暗访与实地调研工作，助力全省万村景区化建设。

十四、里商：充分挖掘乡土特色，建设乡村研学基地

千岛湖畔，一条沉寂了600年的青石古道从淳安县里商乡绵延到建德市，全长约25华里，蜿蜒在海拔700~800米的崇山峻岭中，其间空气清新，宛如天然氧吧。这条古道被称为千岛湖状元古道，600年前，明代"连中三元"的三朝宰相商辂从这里出发，求学赶考，成了著名的史学家、思想家，世人皆称其为"文毅公"，历任英宗、代宗、宪宗三朝大臣，官至吏部尚书、文渊阁大学士。商辂中状元后的几十年里，经常修路，至老未辍。这也是一种修行，一种孝道。《文源修路记》中有记载，商辂捐资发动村民修建古道，从里商、石林、毛竹源到建德，蜿蜒而去200里。他进京求学走的正是这条古道，由此，人们称之为状元

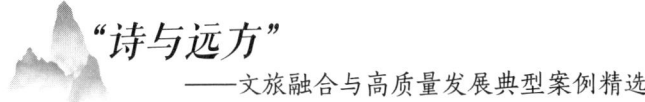

古道。

里商乡地处淳安县西南部，距县城千岛湖镇仅10公里，截至2024年，有人口1.13万，地域面积316平方公里，不仅是明朝三元宰相商辂的故里，也是南宋皇太后杨桂枝的出生地，据说西汉重臣张良也曾隐居于此，他们所留下的文物遗址众多，民间传说源远流长。该乡拥有商辂花厅、忠恕堂、武肃王祠等楼堂和"科甲第一家""三元宰相""父子公卿"匾额等一大批文物古迹和婺剧表演、商源庙会、正月仁灯等民俗文化活动。其中，"里商仁灯"的制作技艺和表演艺术已被列入省、市、县三级非遗名录。

如今，重视读书尊重文化已成里商的民风。走进里商村，忠恕堂门前"必用读书人"的横匾格外醒目。商氏族规，逢年过节，族人分享族产所得要按读书高低而定，这种习俗一直传至近代。过年时祠堂分馒头，一般人两个，小学毕业生四个，中学毕业生八个，大学毕业生十六个。由于民风重学，近代以来，里商村民外出读书求学者众多。

乘着研学旅行的东风，淳安县里商乡2021年年初推出"千岛湖状元古道研学线路"，穿越600年，重走学霸路，吸引了众多游客，研学群体主要是学生，亲身感受到了古代学子求学的不易与艰辛。线路从千岛湖镇出发，半小时车程到达里商村营地举办开营仪式，经过破冰游戏，大家快速融入集体；随即参观商辂状元祠堂，更换汉式服装、行拜师礼，在亲子谷坊制作豆腐，中餐是享用具有传说故事的"状元豆腐宴"；下午则开始徒步商辂求学之路，穿越状元古道。

读万卷书，行万里路。徒步研学可以让孩子们在行万里路的过程中磨炼意志，在学到文化知识的同时，也能忆苦思甜。行程中，中小学生可品尝美食，了解商辂爱吃的家乡土特产——状元玉米粿、状元发糕、状元肉粽、状元泡米糖、状元土酱、状元豆腐乳、状元霉干菜饼、状元花生等。

第三章
文旅融合下的旅游平台，丰富了文旅的内涵和外延

> 点评

　　研学旅行的开展地既可以是城市，也可以是乡村。研学旅行和乡村旅游都是当前我国文旅行业的重点发展和培育领域，是旅游的不同形式，它们在有交叉的同时也可以实现融合发展。乡村旅游是实现乡村振兴战略的重要途径，《关于促进乡村旅游可持续发展的指导意见》指出：加快乡村旅游与农业、教育、科技、体育、健康、养老、文化创意、文物保护等领域的深度融合。

　　自古以来，中国的文人一直有游学风气。研学旅行是以"研学"为目的而进行旅游的一种学习活动，旅游与研学兼顾，其中研学是核心，旅行是载体。研学旅行是学校教育和校外教育衔接的创新形式，它通过旅行的方式拓宽学生的视野、发展学生的思维、丰富学生的情感体验，同时也能够培养他们的自理能力、团队合作意识、实践能力、问题解决能力等。

　　乡村旅游是指以乡村空间环境为依托，以乡村独特的农业生产经营活动、农民生活形态、民俗民风、乡村风光和乡村文化等为资源的新兴旅游方式。研究表明，乡村研学旅行课程存在与当地特色传统文化脱节、地域特性不强等问题，因此开发乡村研学旅行课程，应以当地乡土资源和文化为切入点，要注重乡村性和乡土性的挖掘，注意强化乡村特色和城市的差异性。研学旅行课程设计可结合乡村自身的地貌景观、自然资源、动植物类型、农村劳动体验、农耕文化、历史故事、乡村节庆和乡土文化等资源，设计出不同主题、针对不同学段学生且乡土特色强的研学课程。依据乡土资源的划分，研学旅行课程可以分为乡村自然景观和生物认知研修类、劳动体验类、乡村文化探索类、红色教育与励志拓展类。案例中的淳安县里商乡的研学课程设计就属于劳动体验类和乡村文化探索类的结合，我们不禁要为他们在研学产品的课程设计中全力挖掘乡土资源、保护和传承传统文化所作的努力而点赞。

第四章
文旅融合背景下,文旅跨界型人才的培养

第四章
文旅融合背景下，文旅跨界型人才的培养

我国旅游产业正进入文旅融合新时代，旅游业已成为全球经济中增长最快的产业之一。旅游业在社会发展、经济增长、人文交流、就业创业、文化传承与传播、扶贫减贫等方面发挥着重要的促进作用。

文旅人才是产业发展的基石，旅游教育是培养人才的摇篮。在"文化是旅游的灵魂，旅游是文化的载体"成为普遍共识的大环境下，文化与旅游的深度融合发展是转变旅游发展方式的必然要求和根本途径。以文化丰富旅游内容、提升旅游内涵，借助旅游拓展文化传播的广度和深度，既有助于旅游业聚集人气、恢复元气，又能够持续增强人民群众的文化获得感、幸福感。文化和旅游要实现高质量融合发展，就需要一大批既懂文化又懂旅游的优秀人才，这就对从事旅游教学的教师的能力和水平提出了更高要求，也对旅游人才培养提出了新要求。

尽管文化和旅游行业逐步相互交融，文化和旅游部门也自上而下完成了机构调整，但是，相关的政策、机制等还有待进一步完善。政策制定者需高屋建瓴，充分调查和了解文旅行业的人才需求和供给现状，从政策层面打破文化和旅游人才培养各自为政的藩篱，为旅游教育中的"文旅人"培养提供政策指引。

文旅跨界型人才需要具备一系列由浅入深、由表及里的素质与能力，依次可分为博学精神与能力、实践精神与能力、批判精神与能力、求异精神与能力及创新精神与能力。其中，博学精神与能力、实践精神与能力、批判精神与能力是创新人才的基础素质与能力；求异精神与能力则是创新人才重要且基础性的素质与能力；而创新精神与能力则是创新人才最核心、最高层次的素质与能力，是其综合能力的集中体现。

本章将从4个层面探讨文旅融合背景下文旅跨界型人才的培养模式。第一，校歌作为校园文化的核心组成部分，既体现了办学者和教育者的理想、要求与愿望，也表达了受教育者的感受、追求与成长心声。旅游院校的校歌尤为独特，展现了"文旅融合，一路阳光"的特色。第二，通过高校社团活动，学生可以学习多元化的职业技能，并在文旅行业中扮演不同角色，使在校大学生提前感受

到"诗与远方"的结合正是文化与旅游的深度融合。第三，借助校外实践与模拟教学，学生能够切身体会到旅游策划中文旅融合对宾客体验的重要性。第四，通过对外汉语教学，让全球公民认识到中国如诗如画的风景与其五千年的悠久历史密不可分。第五，在应对旅游突发事件的过程中，培养"文旅人"自律学习的能力，并增强他们对生命的珍视与信心。

一、一路阳光，乘着歌声的翅膀去旅行

自近代新式学校出现以后，我国就有了创作校歌的传统。一首好的校歌，往往在具有鲜明特色的同时，亦能反映时代精神和历史印记。校歌不仅旋律优美、利于传唱，还有励志、奋进的教育意义。

由于题材的限制，校歌通常会有一些相似之处。我们在对中国的大学校歌统计和研究后发现，除了歌词不可或缺的校训外，校歌的歌词大都以学校地理位置开头，如"西山苍苍，东海茫茫……"（清华大学校歌），"白云山高，珠江水长……"（中山大学校歌），"东湖之滨，珞珈山上……"（武汉大学校歌）等；校歌歌词运用中有重合度极高的词，如"迎着朝阳""插上翅膀""莘莘学子"等；校歌的音乐部分则多以类似"进行曲"的基调为主。相比以上大同小异的"校歌创作模式"，曾获"最美校歌"称号的浙大校歌便显得独特而意蕴十足。"大不自多，海纳江河。惟学无际，际于天地……"这首由著名国学家马一浮老师作词、著名音乐家应尚能谱曲的校歌以诗词形式呈现，传唱起来寓意深远，三拍子的旋律也让整首歌抒情又不失厚重感。

2012年，浙江旅游职业学院为迎接建校30周年校庆，在学院领导的策划下，展开了校歌的创作工作。参与创作的老师怀揣对学院的感恩之情，一方面希望将旅院校训融入其中，赋予歌曲积极向上、催人奋进的特质，另一方面也希望能展现其独特性和代表性。反复讨论，几经易稿最终才呈现出这首铿锵有力、朝气蓬

勃的《一路阳光》。

"钱塘江的潮声伴随着书声琅琅，西子湖的微风吹动了校园阵阵花香。励志楼下，我们播撒希望，惟实厅里，智慧在闪光。有我的微笑伴随，你的旅途不再漫长，用我的热情服务，助你实现人生梦想。精致馆内，我们拥有了力量，博爱楼中，我们收获了坚强！愿我们心有阳光，心有阳光，用青春书写美丽，用人生注解辉煌。我们从这里出发，这里出发，朝着心中的方向，尽情挥洒，一路阳光！"歌词开篇就提到"钱塘江""西子湖"，又用"潮声""微风"与"书声""花香"对仗形成一个"潮声伴书声、微风送花香"的充盈着浓郁文风的高校风貌；"励志、惟实、精致、博爱"代表着励志楼、惟实厅、精致馆、博爱楼……从学生、教职工、校领导的不同视角——阐述，歌词引用校训与以其对应并命名的建筑物，巧妙且极具新意；歌词后半部分运用虚写手法，用"阳光"一样的活力和能量将自己的青春书写成"美丽画卷"，"朝着心中的方向"，不忘初心……歌曲以 2/2 拍呈现，让整首曲子兼具活力与抒情的音乐表现力；在旋律的处理上，主歌侧重抒情与描写，副歌则侧重动感与活力，可谓画面感与节奏感相得益彰。一如创作之初的期望，《一路阳光》呈现的是一份厚重的希冀，也是一个心怀壮志的梦想。

> 点评

校歌，是校园文化的重要组成部分。可以说，校歌是学校对内的"号召、激励"，对外的"形象和宣言"。它如"精神图腾"一样，既反映施教者的理想和期望，也传达受教者的追求和心声。在激励学生成长、凝聚学校精神、推动校园文化建设等方面，校歌发挥着重要作用。

浙江旅游职业学院的校歌，从旅游涵盖的人文精神及旅游人的服务意识、情怀等方面进行诠释，采用抒情与激昂并重的音调与节奏，彰显旅游带来的愉悦体验和生命意义的同时，也表达了对文化旅游美好未来的展望。据悉，《一路阳光》

一经发布便得到全院师生广泛传唱,随后学院外语系又重新用英文进行了填词。

一首优秀的校歌既不是高高在上的圭臬,也不是冰冷无情的说教,它应是一面能鲜活生动地展现每位师生精神诉求的镜子,也是能真诚亲和地将主旨植入人心的暖流。作为一所专业旅游院校,旅院的校歌可谓校歌创作案例的经典之一。通过校歌这个文化载体,师生们唱出了青春的激情,以及对旅游人生的深层感悟,这是文化与旅游完美融合的另一种形式的尝试。

二、在七碗茶社感受茶艺之美

茶艺既是泡茶的艺术,也是品茶的艺术。欣赏茶艺之美,重在茶之六艺,即人、茶、水、器、境、艺,所谓好茶师、好茶叶、好水质、好茶器、好意境、好技艺,缺一不可。

人,指的是好茶师,是茶艺最根本的要素。茶艺中,人之美表现在外在的仪表美和内在的心灵美上。茶被称为"嘉木""瑞草",人们总喜欢给各种茶冠以清丽雅致的芳名。

茶之美,可以从茶的外形、香气、汤色、滋味、叶底等角度来鉴赏。好茶的外形大小、长短整齐划一,具有油润的光泽,散发着清幽怡人的香气。

水为茶之母。明朝张大复在《梅花草堂笔谈》中写道:"茶性必发于水。八分之茶,遇十分之水,茶亦十分矣;八分之水,试十分之茶,茶只八分耳。"可见水的重要性。

器为茶之父。不同的茶宜选用合适的茶具冲泡,这样茶性才能得到充分的发挥,体现茶器相宜之美。茶器应茶而生,从粗放式羹饮发展到细啜慢品式饮用,人类的饮茶经历了不同的历史阶段。不同的品饮方式,自然产生了相应的茶具,茶具是茶文化历史发展长河中最重要的载体,为我们解读古人的饮茶生活提供了重要的实物依据。

茶艺讲究意境之美，品茗环境要求幽雅清寂，因为优美环境会在人心中留下美好的意境。意境可以通过音乐、插花、屏风和竹帘等元素来营造，如抒情、舒缓的古典音乐，大自然的声音；恬适简约、素雅脱俗的茶席插花；用屏风和竹帘来遮蔽不良视线，营造气氛，还能起到分隔的作用。

艺，指的是茶艺的技能。技艺之美，首先体现在操作之美，茶艺操作过程的娴熟与完美，能给人带来行云流水般流畅的美感。茶艺技能应宜茶，不同的茶用适宜的茶艺方法，最终目的是泡出一壶最可口的茶，让人感受到茶的色香形味之美。另外，古代士大夫修身四课琴、棋、书、画，也可以作为茶艺的辅助雅艺，结合到茶艺当中。阅画、赏花、焚香与品茗，相辅相成，相得益彰。

唐代诗人卢仝所著《七碗茶歌》写道："一碗喉吻润，二碗破孤闷。三碗搜枯肠，唯有文字五千卷。四碗发轻汗，平生不平事，尽向毛孔散。五碗肌骨清，六碗通仙灵。七碗吃不得也，唯觉两腋习习清风生。"卢仝一生爱茶成癖，被后人尊为茶中亚圣、茶仙，与"茶圣"陆羽相提并论。浙江工商大学杭州商学院的茶艺社以"七碗茶社"命名，充分体现茶社的功能，又隐含茶文化内涵。喝茶境界为七碗，学习求知不也如此吗？七碗茶社主要是培养一支懂茶艺的队伍，由办公室、外联部、策划部、宣传部、艺术部组成，共 30 余位同学，致力于宣传茶知识，普及茶文化，传播一种美好、健康、时尚、诗意的生活方式。

走进浙江工商大学杭州商学院管理学院教学楼，就能看到 G231 教室的茶艺实训室，作为茶文化生活空间，它是"茶文化与茶艺欣赏"这门课授课的地方。一些茶具茶样、几张桌椅，可点香、插花、挂画、品茶，它是该校的文化品牌空间。

茶艺有道，习茶有法。"茶文化与茶艺欣赏"通识课将茶文化与生活结合，课程内容从茶史到茶艺，再到六大茶类的辨识、品评与冲泡技法，让学生系统认识茶世界，并实际操作。

结合茶文化与茶艺欣赏通识课的教学，"感受茶艺文化，品味有茶生活"特色育人项目将茶文化与生活结合,通过举办茶文化的主题活动,让学生走进茶世界,认识茶、了解茶、爱上茶。让泡茶变得有趣,让识茶变得简单,让生活变得有情趣,从而提升学生的文化素养,丰富其业余生活。

> **点评**

中国传统文化博大精深,源远流长,而茶文化是中国传统文化极具代表性的一项,茶艺是茶文化的精髓,综合地表现了人们对美的一种精神追求,历经上千年的文化传承,对陶冶人们的情操有着重要的作用。

茶文化融入旅游职业本科教育的通识课程中,可以有效促进产学研教学模式的优化升级,进而形成良性循环,实现教育教学的平衡发展,促进学生个人能力的充分提升。我们不禁要为此点赞。

从某种角度来分析,饮茶过程所蕴含的各种意蕴、特征及内涵就是茶文化形成的基础。旅游职业教育通过茶文化的实际运用,围绕学生的就业需求,精心设计课程教学方案,进而做好学校、产业、政府三位一体的人才培养模式。

中国传统文化丰富多样,茶文化能够流传至今主要是因为其具有优质的内涵和思想精神,对社会主义的建设发展有重要的推动意义。茶文化成为民族文化中重要的组成部分,具备丰富的精神文化特点,也是我国教育事业发展中必不可少的支持。

三、校园金钥匙——旅游人才的"孵化器"

人们听腻了城市的轰鸣声,也渴望享受湖山间的交响乐。群山横卧,千岛湖畔,在浙江省杭州西部淳安县境内,一个学院坐落于青山绿水之间,在此学习如在碧水画中游。一江碧波绕山镇,天光云影美如画,这就是浙江旅游职业学院千岛湖校区。

第四章
文旅融合背景下,文旅跨界型人才的培养

当你跨入坐落于千岛湖东北湖畔的浙江旅游职业学院千岛湖校区教学大楼时,会发现下沉式教学楼的入口处站着两名学生,他们身着整洁的校服,笔挺地站在教学楼门口,彬彬有礼地对来往大楼的老师和同学送上问候。这个让人耳目一新的校园图景是浙江旅游职业学院千岛湖校区的一项特色教学。2017年3月,浙江旅游职业学院千岛湖校区借鉴酒店行业"金钥匙"品牌服务理念,选拔并组建"金钥匙"大使团。两位"校园金钥匙"体验的是酒店礼宾司岗位,他们的衣领上都佩戴着一枚金钥匙徽章,寓意唯有深耕专业,才能所向披靡。

本着打造国际化、专业化、职业化的服务人才培养的宗旨,内化于心、外化于行、固化于神地提高未来创新型、复合型和应用型旅游人才的素质,以保持优质的服务水准,校区定期为"金钥匙"开展提升专业的各大培训,包括会议服务、礼宾接待、形体礼仪、餐饮服务、茶艺服务、委托代办等。到目前为止,浙江旅游职业学院千岛湖校区已经培养了515位"校园金钥匙",他们来自校区各个专业,分别有酒店管理、西餐工艺、旅游管理和养老服务与管理,校园金钥匙执行委员会包括首席金钥匙、首席礼宾司、首席秘书长、首席体验官、首席技术官和首席趣味官。

校园"金钥匙"秉持着尊重、专业、优雅、精致的服务精神,以校园为基础,立足淳安、面向长三角,承接各大活动,包括浙江省饭店服务技能大赛、淳安县人大和政协会议、黄杭两市全国和省人大代表视察新安江流域生态保护及区域化一体化发展大会、千岛湖高铁站誓师大会、乌镇第五届世界互联网大会、央视春晚主办的法国巴黎时装周童模决赛、IKA世界奥林匹克烹饪大赛国家青年厨师队作品品鉴会、全国青少年智能大赛等。

平静、悠远、如镜的千岛湖将蓝天白云尽收怀中,让人胸中开阔坦荡,恰好诠释了宋代理学家朱熹《观书有感》中的"天光云影共徘徊"。今日的莘莘学子,如同涓涓细流,不断汇集,走向更广阔的天地,正好应和了诗的后半部分:"问渠那得清如许,为有源头活水来。"

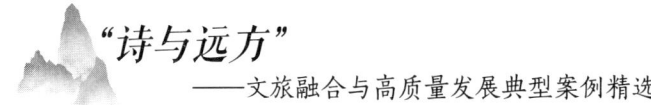

> **点评**

"金钥匙"是一个国际化的服务品牌,拥有先进的服务理念和标准。它是一位服务的专家,是一个服务的榜样,也是一种服务的网络。1929年,国际金钥匙组织起源于法国巴黎,是全球唯一拥有80年历史的网络化、个性化、专业化、国际化的品牌服务组织。自1995年被正式引入中国以来,它已覆盖至全国190个城市,1200多家高星级酒店和高档物业。如今,金钥匙服务已被文化和旅游部列入国家星级饭店标准。

国际金钥匙组织拥有两把互为垂直交叉的"金钥匙",一把用于开启饭店综合服务的大门;另一把则用于开启城市综合服务的大门。简言之,饭店金钥匙就等同于饭店内外综合服务的总代理。浙江旅游职业学院千岛湖校区将酒店服务理念和实操培训引入校园文化和日常教学,这不仅能增强学生对旅游行业的认知,也提升了他们的就业意识。

伴随着"旅游+"多业态的出现,打造千岛湖旅游国际化势在必行,而优秀的国际化旅游人才正是影响其进程的至关重要的因素。与此同时,千岛湖校区如同一个"高技能人才孵化器",于千岛湖畔默默释放着动能。

四、令人惊喜的酒店伴手礼

春季开学,我带领我的学生开展了一次课外实践。结束当天的工作后,我们来到一家千岛湖的四星级酒店。我径直来到前台办理入住手续。可以说,在办理信用卡预授权前,一切都进行得很顺利。

"先生,我们并未收到您的订单。"前台工作人员的话让我俩很是诧异,我的手机分明已经收到了来自银行的支付凭证。"信用卡预授权"就好比消费"押金"。当我们用信用卡进行预付消费时,银行会先冻结卡内一部分资金作为"押

第四章
文旅融合背景下，文旅跨界型人才的培养

金"，整个支付过程要经持卡人签字确认后才算真正完成，安全又便捷。不过，当天这笔莫名"蒸发"的预付款着实让我们感到不解。

"先生，为了不影响您的日程安排，我们先为您办理好了入住，这是您的房卡，请收好。"好在酒店的人性化应变打破了当下尴尬的气氛。"先生，占用了您那么长时间，我们深表歉意。如果您有需要请随时致电总台，祝您入住愉快！"柔和的声调和亲切的笑容让我至今印象深刻。品质服务，许是由注入住客们内心的这一股暖流开始的吧。

不知是因为课外实践太过投入还是刚刚的那个让人有些不知所措的"小插曲"，踏进房门那一刻我们顿觉疲惫。不觉间，一抹淡香入鼻，这香氛竟让我的眼睛隔着窗纱浮现出了一幅暮光里的诗意山水，想象着窗纱的另一面落日余晖散落湖面的样子，我忍不住拉开纱帘，那入眼的联排木屋伫立湖岸应和着一汪碧水，水波时而随风荡漾泛起点点水花，映得木屋优雅别致，也衬得那粼粼波光自在悠然……夕阳缓落，霞光将这湖光水影连同整个酒店都笼上一层金色面纱。眼前的这份"惊喜"足以抵消我内心所有的小情绪。这落暮之际的美好，想必也只有身临其境方能感同身受。

稍作休息，我和学生来到酒店中餐厅，一则简单地吃个晚饭，二则对当天的课题内容进行探讨。结账时，我告知服务员先将餐费挂入房费账单，待退房时一并结算。而服务员回复我们，目前，我们的预授权只够支付房费。"我们只住一个晚上，预付款应该是足够支付餐费的。"我作了进一步解释。一旁的餐厅主管了解情况后忙上前解围，"二位请先回房休息，餐费的支付问题我们会尽快与前台进行协调。"经历了下午的"小插曲"，我们似乎并没有让晚上的这个突发状况影响自己的心情。

次日一早，我们在前台办理了退房手续。核对信息后，工作人员退还了多余的押金，也表达了歉意。"非常抱歉，因为酒店网络卡顿的原因，导致预付款交易编号生成滞后，由此给二位带来诸多不便，我们深表歉意。这是酒店特别为二

141

位准备的伴手礼,请收下。"还是那个柔和的声调和亲切的笑容,"这两份伴手礼不仅表达了我们的歉意,也承载着我们由衷的谢意,感谢二位对我们工作的理解和配合。"

走出酒店,我们心中不免升腾起一丝不舍。此刻,这美好山水已连同我手中的这份伴手礼被我"打包"进行囊,一并私藏……

点评

顾客的满意度往往是人们选择一家酒店的关键因素。当然,它也是衡量酒店服务质量的一把量尺。

以案例中关于餐厅费用的小插曲为例,事实上,在金额与实际消费相差不是很大的情况下,将消费金额挂入房费账单应该是没有多大风险的,案例中餐厅主管的处理方法就显得非常专业与灵活。除了具备应有的专业素养,有时候,酒店员工能否与客人保持良好的双向交流也显得十分重要。毕竟,以服务为本,不断精进实干,以客人需求为中心,针对客人的个性特点和特殊需求提供个性化、舒适化的服务,才是酒店为住客打造"超值"服务的初衷。

五、2019文旅融合元年的重新发现上海之旅

俗话说,"百年中国看上海"。上海历来是一个多元共存的地方,自1843年开埠以来,大量西方文明的涌入让众多文化在这里交汇碰撞。世界的国际大都市无一不具有多姿多彩的文化,上海亦如是。2019年5月28日,浙江旅游职业学院的"华东模拟导游实训课程"首站,便由上海开始。

中共一大的成功召开为中国的发展奠定了坚实的基础,同时也让上海成为中国共产党诞生的"红色摇篮"。作为华东踩线必打卡景点之一,如今的中共一大会址亦完好留存了那段"红色记忆"最初的样貌。在去往一大会址的途中,一座

座承载着老上海人记忆的石库门建筑不断地映入眼帘。错落有致的红砖,庄严肃穆的乌漆门扇,精致多样的西式门楣……一座座静驻于岁月,历百年沧桑演变而成的古老建筑,演绎出传统与现代的完美融合。进入纪念馆,不远处工作人员高举的有着"静"或"柔声细语"字样的提示牌,让我们不自觉地压低了声音。这一幕,不禁让我想起在《中国出境旅游服务质量解析》一书中学过的名为"在台北故宫博物院柔声细语"的文章,用的亦是这种方式来提醒客人。跟随现场志愿讲解员的步伐穿梭在中共一大会址纪念馆展厅,恍惚间犹如跨越时空,来到了那个改变中国的历史拐点。这是中国共产党的起点,也是红色之旅的起点。不由地,我也便放慢了脚步,用心地去追忆革命精神、感受红色情怀。

在王安忆的《长恨歌》中,上海被称作"东方巴黎"。作者笔下的那个20世纪40年代的上海,是时尚的、海派的,也是璀璨的。如今,每年来到上海的游人数量达千万,旅游业成为上海的支柱产业之一。算来上海的旅游业已有百余年的发展史,如想重返上海滩当年的旅游业发展时光,便要追溯到那年上海开埠……到了上海,几乎所有的当地旅行指南上都会提及外滩。当年,随着外国商品和外资纷纷通进长江门户,一个外滩,可谓见证了上海的繁荣与变迁。如今的外滩,不仅拥有由数十幢风格迥异的古典建筑构成的"万国建筑博览群",隔江相对的浦东陆家嘴,还伫立着上海标志性建筑东方明珠、金茂大厦及上海中心大厦等摩天大楼。在金茂大厦,我们从底层大厅乘坐每秒运行9米的升降电梯,仅花了45秒便抵达88层的观光厅。同白天相比,上海的夜在这340米高的玻璃幕墙之后便换了新颜。说到上海的摩天大楼,与高492米的上海环球金融中心和高420米的金茂大厦被一同视为中国改革开放象征和上海现代化建设缩影的上海中心大厦,更是以高632米位列中国第一、世界第二。走进这座超高层地标建筑内37层的上海观复博物馆,引人入胜的不仅是陈列在这世界最高博物馆内的数百件熠熠生辉的古代文物,更是那份贯彻始终的对中国文化坚如磐石的初衷。驻足黄浦江观光带,目之所及的便是这黄浦江畔独有的风韵。

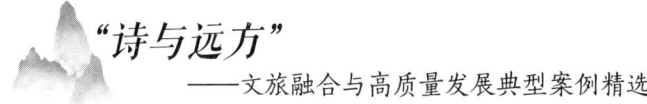

旅游总归不是单一的,它总能借助行业之力焕发新的活力。当旅游观光与文化走到一起会是怎样的体验?此时,我似乎找到了答案。自古,中华民族就喜欢把旅游和文化结合在一起,在文旅融合元年的2019年,我们也愈发体会到了诗与远方融合的深远意义。

点评

党的十九大报告指出,中国特色社会主义进入新时代,我国社会主要矛盾已经转化为人民日益增长的美好生活需要和不平衡不充分的发展之间的矛盾。

旅游业是解决新时代主要矛盾的主战场。近年,旅游已成为广大城乡居民非常普遍的消费选项,成为老百姓美好生活的重要组成部分。目前,上海构建起了旅游业与文化、商务、体育、工业、农业、科技等融合发展的"1+10+N"大旅游产业体系。上海的世界著名旅游城市建设,可谓取得了阶段性成果。

旅游发展的初级阶段,人们出门旅行除了看山、看水、看风景外,还会"买买买"。如今人们对旅行的追求,转向了体验旅游目的地的生活方式和地域文化,进而放松身心、感受美好生活。这对旅游从业人员来说,无疑是机遇与挑战并存。作者借旅游学院"华东踩线"的机会,以文旅融合的视角,重新审视上海市文化和旅游融合发展的路径。

自2018年文化和旅游部成立以来,文化旅游产业深度融合,以文彰旅,以旅促文,这不仅是文化和旅游部的使命,更是我们每一个旅游行业从业人员的使命。

六、秦淮灯会:彰显文旅融合新生态

朱自清先生曾写过这样一段话:"逛南京像逛古董铺子,到处都有些时代侵蚀的痕迹。你可以揣摩,你可以凭吊,可以悠然遐想……"的确,南京是一座有故事的城市，它曾繁花似锦，也曾满目疮痍。2019年5月28日，浙江旅游职业学院的"华东模拟导游实训课程"首站选在了南京。不得不说，对于南京这座城市，我是由衷地喜欢。

在中国亘古的历史长河里，南京这座城孕育出了无数独特的文化风俗。今天想和大家聊聊的，便是秦淮灯会。这个有着上千年历史的民俗文化活动，在南京地区广为流传。秦淮灯会又称金陵灯会、夫子庙灯会，主要集中在春节至元宵节期间，2005年12月31日，"南京秦淮灯会"被列入首批国家级非物质文化遗产代表性项目名录。秦淮灯会的发展史，离不开我国传统的民间文化和特殊的自然环境。从人文角度来看，中国人喜欢热闹，尤其在重大节庆，人们讲究的便是一个热热闹闹、红红火火。而从地理因素看，南京因其独特的地理位置，历来是兵家必争之地，很多王朝曾在此定都。三国时期，东吴出征的将士凯旋后，全城百姓便会在城墙外摆起香花灯烛迎接将士们，这便是"秦淮灯会"的雏形。地理上的另一因素，那便是秦淮河了。数千年来，秦淮河沿岸一直是南京的商贸、文化集中区。放眼望去，北岸是文人墨客往来之地——江南贡院夫子庙；南岸是王谢风流的乌衣巷，这个当朝权贵的云集之地，也是灯会的发源地之一，早在东晋、南朝时期，皇宫就会举办元宵灯会以祈求天下太平、风调雨顺，达官显贵们在这秦淮河畔娱乐之余，也会效仿朝廷张灯结彩、互相祈福。

说到灯会，自然是离不开花灯的。江南发达的丝织业，为灯彩制作奠定了坚实的基础。南朝时随着纸张生产迅速发展，成本低廉的纸张渐渐取代丝织品，让普通百姓也能扎灯、张灯，灯会这才正式走向了民间。所以说，南朝是秦淮灯会的首次"亮相"，有着浓厚节日氛围的"秦淮灯会"在当时实为一个"风尚"般的存在。不过它正式成为一个民间习俗，还得追溯到唐朝，那时秦淮灯会从正月十六一直延续到正月十八，为期3天。宋朝时，灯会更是延长至5天。秦淮灯会的鼎盛时期在明朝，"秦淮灯彩甲天下"之说，自是由此开始。朱元璋在南京定都后便大力推崇发展秦淮灯会，灯会从初八上灯到十八落灯，一下子延长到了十

"诗与远方"
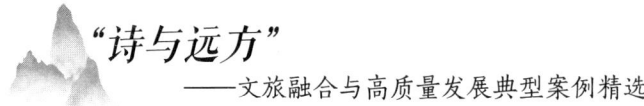
——文旅融合与高质量发展典型案例精选

天。期间,秦淮河上会燃放起万盏水灯,男女老少们在秦淮河畔赏灯,看各种杂技、歌舞表演,好不热闹。"明灯初试九微悬,瑶馆春归不夜天"说得便是当时的盛况。

随着工艺手法的与时俱进,秦淮灯会由单一的传统手工艺,发展到了今天传统工艺兼容现代科技、材质多样的民俗文化。它经久不衰,历久弥新,是南京人无法割舍的一部分,也是社会风俗的重要组成部分。

"银烛影中明月下,相逢俱是踏灯人。"当我们斜倚画舫时,目之所及便是秦淮河畔流光溢彩的花灯盛景,而这盛景之后的故事,朱唇一启,便是千年……都说导游是"文化的传播者,文旅融合的实践者",如今,能成为一名导游员的教师是我的荣幸。以一人之力传播千年文化,让我们共同期望中国的千年文化经由旅游得以传播。

点评

文化和旅游部非遗司发布"2019非遗与旅游融合十大优秀案例","秦淮灯会彰显文旅融合新生态"位列榜首。南京,是中国传统文化留存最多的城市之一,作为江苏首批8家国家全域旅游示范区创建单位之一,秦淮以600余年明城墙为"骨骼",以秦淮河为"血脉",以夫子庙、朝天宫和大报恩寺为"鼎足",以门东、门西及1865园区、国创园区等历史街区、文化园区为支撑,将散布的文旅资源重新"整合包装",便形成了一个"一城一河一庙一馆一寺多街区(园区)"的空间格局,这也是秦淮全域旅游的"核心吸引物"。2018年,秦淮区全年接待游客超过5500万人次,占南京总接待游客数的40%左右。

文章以旅游学院"华东踩线"的实践课程为契机,本着敏锐的洞察力,对"2019非遗与旅游融合"优秀案例进行了解读和深挖,精准地解读了文旅融合新生态。

七、当中国少儿合唱在维也纳金色大厅响起时……

2019年暑假，受欧洲大众国际文化交流协会和福可思国际文化交流公司（北京）及德国斯图加特市政府的邀请，陈轶群以合唱团钢琴艺术指导的身份，随杭州CAC少儿合唱团参加了第三届国际青少年艺术节的系列活动，开启了德奥音乐艺术之旅。从德国斯图加特的Liederhalle音乐厅辗转到奥地利维也纳金色大厅，举行了一系列的比赛、展演及交流。

艺术节的比赛安排在德国的斯图加特Liederhalle音乐厅和奥地利维也纳的金色大厅。参加合唱比赛的有来自世界各地的十几个合唱团。中国杭州CAC童声合唱团带来的中国歌曲《月亮喊下来》和英文歌曲One Voice。其中，中国民歌合唱给评委及欧洲观众留下了深刻的印象。之后，评委对于这首作品中的中国元素表现出浓厚的兴趣。不仅认为它在旋律上别具特色，而且在和声的使用上与欧洲作品也有明显不同，其中大量纯四度、纯五度音程及小二度的碰撞式和声音响让他们觉得与他们熟悉的作品截然不同。评委们都表示很愿意带团来中国交流，并希望能让团员进入中国的家庭，深入了解中国文化。他们认为，一个民族的文化是活在他们的日常生活中的，只有了解他们的生活方式和礼仪、习俗等，才能更好地理解他们的文化。

合唱团的孩子们只要有机会，都会在广场、街头等公开场合进行合唱表演，一来可以锻炼胆量，二来也不让曲目生疏，以迎接最后一天在维也纳金色大厅的汇报演出。在孩子们唱歌的时候，当地的人们都会驻足观看，其中既有白发苍苍的老人，也有年轻活泼的在校学生。很多人都表现出对中国歌曲《月亮喊下来》的喜爱，"I love this song, it's exotic and very nice！"一对带着孩子的夫妻在听完演唱后开心地说："我们的下一个旅游目的地就是中国！"

维也纳金色大厅对于中国人来说并不陌生，除了每年一次的新年音乐会在这里举行,我们国家的多位艺术家也都在这里演出过。进入后台,孩子们就能感受到这里不一样的氛围:走廊两边有音乐家的铜像,后台的更衣室里配有钢琴,为方便演员换装柜子也都配有密码锁。虽说不上豪华,但却贴心、实用。一切,都能让人肃然起敬。

登上舞台的木质地板,那一刻,竟感觉很踏实,望一眼熟悉又陌生的大厅,看看端坐在台下鼓掌的观众,演员们鞠躬、就位。随着指挥的手势,陈轶群先生在贝森朵夫大钢琴上奏响了前奏,大厅里,回荡起合唱团小天使们唱出的美妙音符……

回想在德国的斯图加特、海德堡、慕尼黑,奥地利的萨尔茨堡、维也纳等城市,不论走到哪里我们都可以见到街头艺术家的身影,其中个别几位的水准完全不亚于音乐厅里的职业演奏家和歌唱家。慕尼黑街头的一个三重奏团,让陈轶群记忆犹新,当合唱团的小天使们往琴盒里投币时,团里的3个小伙子连连盖上琴盒说"Enough,enough",对于来自这些同样热爱艺术的小团员们的馈赠,他们礼貌地谢绝了。

此次的"德奥音乐之旅",让陈轶群感受到了两国深沉厚重的历史,也让陈先生深深震撼于欧洲人民的智慧和坚韧,特别是,他们追求艺术和真理的精神。

点评

习近平总书记在建党95周年大会上指出:"文化自信,是更基础、更广泛、更深厚的自信。"如何将中国几千年的文化传播到世界各地,这是文旅界人士值得思考的问题。

音乐作为一种主要的艺术表现形式,它是民众表达各种文化的一种载体。如果说,世界上真有一种语言是无论时空、无论种族、无论国界都能被听懂的,毫无疑问,那就是音乐。音乐家贝多芬说过:"音乐是没有国界的语言。"音乐用声音传承民族文化的思想特质,带着民族精神的特定代码跨越时空,汇成一条民族历史的悠悠长河。我国陕北农民祖祖辈辈传唱的原生态民歌"信天游",大家耳熟能详的《梁祝》,这些都是中国的经典音乐。

文化本身就是一种实践活动,离不开社会实践的主体——广大民众。民众的文化水平、文化素养,是需要被正确引导的,也是可以培养塑造的。我们从案例中就可以感受到欧洲音乐逐渐融入人们的日常生活中。远离民众的文化,只能算是一种学术,特别是中华优秀传统文化,就是需要在我们的日常生活中可以触及,可以感知到,这才利于它的表现和发扬。案例中的中国杭州CAC少儿合唱团的国际交流活动,不仅让外国的民众听到了中国的音乐,也让他们看到了中国的音乐教育正在与世界接轨。当然,也让我们看到中国的文化通过音乐这个载体跨越了国界得以传递,这是文化自信的极好见证。

八、文旅教育:让对外汉语教学成为传播中华文化的载体

汉语是全世界使用人数最多的语言。随着我国政治经济的发展和文化软实力的不断增强,"汉语热"这个名词的出现使得中国文化逐渐渗入了世界各地,世界各国对汉语的需求越来越高,来华留学人数与日俱增。越来越多的留学生开始想要了解中国文化,这是中国的文化魅力所在。

汉字作为世界上最古老的文字之一,是唯一没有消亡的从象形字到形声字、会意字交融相合,不断发展完善的文字。汉字所包含的东方思维方式亦是中国文化及其传承的核心。然而,对于习惯了拼音文字的俄罗斯、意大利、乌克兰及南非等大多数国家的学生来说,汉语之难,难在汉字。

汉字,因其语素(意义)而构形,如果将隐藏在汉字背后的造字理据与汉字文化揭示出来,不仅能增加汉字教学的形象性和趣味性,还有助于留学生理解、掌握汉字并了解中华文化。例如,讲会意字"取"时,可用甲骨文、金文、小篆、隶书等字形的图示法引发学生的兴趣,学生一般能猜出甲骨文中此字的左右

两边像一手，老师可以随即解释"取"字即以手取耳（古时猎兽或战争杀敌，一般以取下左耳作为计功的凭证），且可同时告诉学生"又"在古代有"手"的意思，所以很多以"又"做形旁的字皆与手有关。教学中也可考虑引入我国的篆刻，以兴趣小组、选修课的形式培养学生学写甚至雕刻汉字。

在汉语习惯用语里，有相当多的俗语、成语，体现了汉语整体、含蓄的表达特点，多为引申义或比喻义，对于这类用语，不能单从字面上理解，通过结合其蕴含的文化因素加以阐释，才能让学生更好地理解并把握这个词语的语源和意义。例如，要理解"八仙过海，各显神通"的含义，势必要先了解八仙的来历；"马后炮"这个中国象棋术语，其实跟马没什么关系；"青梅竹马"，来自李白的《长干行》"郎骑竹马来，绕床弄青梅"，它形容男女幼时天真无邪，一起玩耍的情景。

事实上，许多俗语、成语折射着中国的历史文化生活。从其形成和来源上看，有的源于历史故事，如"高山流水"；有的源于神话传说，如"愚公移山"；有的源于民间文艺，如"敲边鼓"；而有的则源于百姓生活，如"赶鸭子上架"等。了解相关文化背景，可以促进学生掌握其精髓的要素。

此外，精心设计各类文化活动、创设情境，是让留学生感受中国文化的重要途径。例如，在节日文化活动中，适时通过微课、微信推送等形式介绍中国的传统节日如端午节、中秋节、春节等的来历、习俗，可以让学生了解相关的传统文化知识，口语课上可通过与其所在国的传统节日作比较，探讨不同地域、不同民族文化的差异，从而加深学生的印象。当然，也可开展如节庆礼物DIY、节日创意派对等系列活动，让留学生们充分感受中国文化的魅力。

随着现代科技的发展，电视、网络、多媒体等使留学生接触汉语和汉文化的机会越来越多，所以，我们在传播中国文化时，既要让他们接触中国传统文化，也要让他们接触当代文明，如当代风俗，各种当今中国人认同度高的、积极向上的流行文化——流行音乐、影视作品、文学作品等。这样他们会觉得与我们的现实生活没有距离感，感觉到学的东西都是有用的。这样才能很好地调动他们学习汉语和中国文化的积极性。

语言是文化的载体，是承载着丰富内涵的文化符号。它反映文化，又被文化决定，二者密切关联。学习语言，就该在一定程度上掌握与之相关的文化背景知识，即语言隐含反映的民族价值观、社会习俗、心理状态、思维方式等文化因素。

> 点评

中华文化博大精深，外国人学习汉语的过程，不仅仅是掌握语音、语汇、语法等语言结构的表层内容的过程，同时还是一个熟悉、领会语言背后的深层文化规约及民族思维方式的过程。而对于像中国这样有着几千年文化传统的文明古国，文化对语言的影响极大，如果在教授汉语时，不介绍语言的文化内涵及相关的社会习俗背景，就很难使学习者掌握汉语精髓，灵活而准确地运用汉语进行交际。

从事对外汉语教学的教师是中华文化的传播者，他们除了应了解学习者的母语特点和文化背景，掌握比较系统的汉语知识之外，对中华文化（包括文学、历史、地理、民俗等）也应有比较深刻的了解。同时，也要做到使传统文化和当代文化相结合，凸显中国文化的魅力。中国传统的汉字文化、节庆文化、俗语文化、诗词文化，以及当代的旅游文化、民俗文化、各种流行文化等都是展示祖国文化的窗口。

因此，在对外汉语教学中传播中华民族的灿烂文化，使之发扬光大，让中华文化渗透到对外汉语教学中是从事对外汉语教学的重要使命。

九、借文旅融合的契机，让中华文化传播至世界各地

我的学生华锦参加了浙江省第八届大学生中华经典诵读竞赛，对华锦而言这

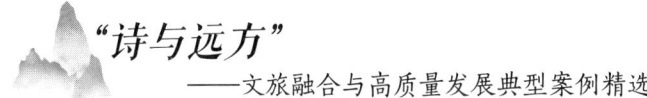

是一个不小的考验,学校派出的其他选手都有着省赛、国赛的比赛经历,这让她压力倍增,也意味着她要比别人付出更多的努力。

在备赛阶段,华锦每天往返于宿舍和学校"小西湖",一遍遍背诵稿子,确保发音的准确性和内容的熟悉度,并了解每篇古代和现代作品背后的种种,如时代背景和作者的生平、创作观,作品的艺术特色等,以便朗诵时可以准确把握作者的情感。为了能更准确地找出自己朗诵时的瑕疵,她会在练习的过程中一遍遍录下自己的朗诵,然后逐字逐句反复对比,尝试不同的朗诵手法,琢磨最佳表达效果。更重要的是,华锦珍惜和指导教师交流的每一次机会,认真记录下自己的不足,并向老师请教自己的疑惑,听取她的每一条建议,逐一攻克这些伴随了她十几年的朗诵痼疾。比如,对于她最大的敌人元音发音口型过扁问题,从小到大一直这样说话的她,也没有意识到这会影响到发音时的舌位,进而影响到发音的准确、气息的控制,甚至最终的表达效果。然而元音出现的频率实在太高了,以至于她在进入表演的瞬间常常顾此失彼,一遍遍重来,一次次不完美,有时候改得她沮丧绝望。但是她仍一点点尝试,经过几个月的不断练习后,终于甩掉了十几年的发音缺陷。

比赛中最难熬的便是夜深人静之时,听着室友的呼吸声,她在书桌前背稿、学习文学常识的心情也会变得无比复杂。众多的古代汉语知识和文学常识,对非中文专业的她来说犹如一座座大山,但虽困难重重,她从未想过放弃。比赛题库中的作品,都是我们民族文化宝库中的经典,在重温经典的过程中,华锦渐渐忘记了疲劳,流连于传统文化与文字中散发的芬芳。

赛前几天,由于心理压力过大,华锦每晚都会和指导教师李正红老师通电话,一聊就是几个小时。她非常感谢李老师给了她那么多支持,"每个吐字和气息,停连和重音的运用她都会一一示范纠正,给我讲解诗歌中蕴含的深层意蕴,使我能更快地把握作品,调整到最佳的朗诵状态。""尽全力"是她当时心中唯一的念头,李老师察觉到她的压力,每天开导她,帮助她缓解情绪。李老师常说:

"不要担心，正常发挥就是最好的发挥！""人难我难不怕难，人易我易不大意！"正是在这种无微不至的关怀和开导下，华锦才能够全身心地投入到比赛中去。

比赛时，因为大家都经过了长时间的培训，都很出色，所以只有拥有闪光点的选手才能脱颖而出。这时候，华锦从小参与各类演讲比赛和主持活动的基本功和经历发挥出了作用，多年来的登台经验更是让她在比赛中游刃有余。还记得进入古代诗歌朗诵教室时，尽管双腿紧张得有些颤抖，但她还是按照之前上台的经验，极力稳住自己紧张的情绪，从容淡定，出色地完成了朗诵，最终获得了浙江省第八届大学生中华经典诵读竞赛一等奖的荣誉。

在校期间让学生有机会参与到 A 类学科竞赛对学生来说是很幸运的，这不仅仅展示了学生的才华，为他们的简历增添了一抹亮丽的色彩，更重要的是让学生在比赛中学习到了很多中华经典诗词文化，在声律变化中品味文言韵味之美，在分析、理解及体悟文章的深层含义与作者的思想感情中，感悟到格物、致知、诚意、正心、修身、齐家、治国、平天下的现实意义。这一经历使华锦获益匪浅，是她今后的人生道路上非常宝贵的财富。

点评

中华优秀传统文化是中华民族的"根"和"魂"。习近平总书记指出："一个国家、一个民族的强盛，总是以文化兴盛为支撑的，中华民族伟大复兴需要以中华文化发展繁荣为条件。"站在复杂时空交汇点上的中华民族，如何增强文化自信，提升文化软实力，是目前学术界关注的重要问题之一。

浙江省大学生中华经典诵读竞赛是贯彻落实党中央关于挖掘、继承和弘扬中华优秀传统文化的精神、要求的一项重要举措。其目标是培育和践行社会主义核心价值观，引领大学生阅读中华经典诗文，提高大学生的语言文学素养和汉语口语表达能力，将其作为高校文化建设和大学生汉语能力培养的重要载体，更好地服务于大学生成长成才。截至 2024 年，浙江省教育厅已经举办了十二届浙江省

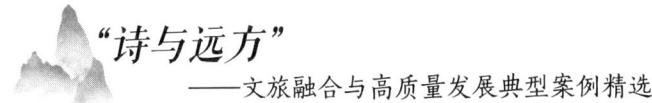

大学生中华经典诵读竞赛。

任何一名获奖学生的成长过程，都离不开教师的辅导与指点。大学生也是如此。大到一篇作品的布局与解析，小到一个字的发音、一段文字含义的理解都是如此。同时，组织与辅导比赛学生的整个过程也是一个对中华文化深度理解与传播的过程。这就要求高校老师，特别是辅导老师要具有深厚的文化底蕴，尤其是中华文化的方方面面知识。我们不禁要为文中的师生点赞。

如今，借文旅融合的时机，旅游院校的师生更需要增加中华优秀传统文化知识积累，以全球视野向世界各地传播中华优秀传统文化。

十、线上线下的课程加深了师生间的文化交流——一位俄语专业学生的自述

相较于大多数国家而言，浙江旅游职业学院学生小岑眼中的俄罗斯颇具神秘感，这不单单是因为它地理位置上的特殊，想必也是源于俄罗斯人总予人一种"高冷"之感吧。究竟，是什么样的文化造就了一个如此硬气的国度？许是因这一分好奇，她毅然决然地报考了俄语专业，希望语言学习能成为她深入了解这个神秘国度的一把"钥匙"。

"俄语氛围"的营造对于任何一位俄语初学者来说都是至关重要的，仅凭借线下课程的学习难以真正使学生深入探索、了解俄语文化的魅力。随着创新科技的发展与普及，人们了解新文化、新知识的渠道不断增加。通过"互联网＋"的形式，网络与线下课程深度结合起来，"线上"促进"线下"，"线下"又反作用于"线上"。对于学生来说，感受最为真切的，便是通过互联网技术形成的、高效且优质的"无接触学习阵地"。

随着唯美的俄语手写体跃入眼帘，学生的"俄文化之旅"正式开启。俄语手写体宛如一只只休憩于湖边的天鹅，姿态各异，优雅迷人。活动中，老师时常会

第四章
文旅融合背景下，文旅跨界型人才的培养

将自己从学生的书写作品中挑选出的优秀范本展示出来供大家欣赏与学习。学习一门外语，除却正确的书写练习，掌握标准的发音同样重要。口语交流便是语言学习极为重要的一部分。以课本内容为基础，学生认真聆听现实俄语交流情景，伴着抑扬顿挫的俄语，走进了多彩的俄文化。"俄语文章读起来就像在唱着一支优美的歌。"正如俄语专业张教授所说的，俄语语调优美、自然，一字一调，极尽意蕴之美。每一堂交流课，都被学生们视为俄语口语深入学习最直接的方式。

在交流之初，许是因害怕说错，每每面对老师的提问，同学们总会沉默以对，或只是用单词句的形式来进行简单回应。外教奈利·波拉托娃是土生土长的俄罗斯人，这位俄罗斯姑娘让学生印象尤为深刻的除了那双深邃的棕绿色眼睛，便是她温柔细致的教学方式了。见同学们缄口不言，奈利总会耐心地鼓励和引导，渐渐地，大家抛开顾虑，争相发言，积极参与到话题的讨论中。

线下交流活动常常受到多种因素制约，得益于互联网的发展，线上的活动交流不再受到时间、地理等因素的影响。每周，同学们的云学习、云讨论热烈依旧，雷打不动。奈利用俄罗斯人特有的温柔，带领大家徜徉于奇妙的俄罗斯文化海洋之中。俄罗斯人平时爱看什么节目、流行什么样的运动、有什么样的"网红"美食……"云课堂"上，大家沿着网络搭建起来的"氛围平台"，走出国门，来到了俄罗斯，沉浸于地道的俄罗斯文化。在关于俄罗斯饮食文化的主题课上，奈利给大家发送了许多关于俄罗斯美食的图片，在了解俄罗斯人饮食喜好的同时，大家还发现，原来活跃在中国人餐桌上的饺子，在俄罗斯居然也挺受欢迎。而且饺子口味有奶酪味、樱桃味、蓝莓味……可谓五花八门。除此之外，奈利也时常会通过照片或视频的形式和大家保持互动。画面中的她表达着她对大家的喜爱与期盼，那柔软的眼神、温和的语调，让师生情和友情跨越了7000多公里的距离，变得愈发深厚。

通过网络搭建起来的语言文化交流互鉴"桥梁"，丰富、改变了语言学习方

式与习惯，打破了大家原以为俄罗斯"高冷"的刻板，如一位散发着特有光芒的巨人，她褪去"高冷"外衣，让中国学生感受到了一颗真诚温润的心。

点评

文章以一位俄语专业的大学生自述展开，通过其个人视角，向我们展现出中俄教师通过网络竭力协作、创新教学，通过线上、线下的授课模式，使语言学习更加丰富生动。不同文化背景培养出来的人才都有着该文化的显著特征，外籍教师在外语教学中有着中国教师无法替代的优势和作用，正如文中所描述的俄语外教奈利，其在教学过程中以自身现实的所见、所闻、所感为基石，将其本国内蕴在教学过程中自然展露出来，加深学生对俄罗斯文化的理解与思考，为新时代语言人才的培养提供了新选择。

从深层看，俄语人才的联合培养是中俄关系发展的一个缩影。中俄友谊，已走过70余年不凡的历程。世界局势诡谲多变，各国所面对的风险与挑战日益增多，中方与俄方携手共进、共同面对，在多次危难之际向彼此伸出援助之手，互帮互助走出困境，其友谊成为新时代大国关系的典范。中俄友谊经风雨磨炼变得愈发坚定、深刻，展现了新时代中俄全面战略协作伙伴关系的高水平和两国患难与共、守望相助的深厚情谊。

十一、从西湖水岸到珍珠之乡

2021年9月，寻着金桂的芬芳，我的学生小岑再一次走进学堂，来到距杭州不远的西施故里——诸暨。从2021届的浙江旅游职业学院应用俄语专业毕业生转变成浙江农林大学暨阳学院2021级公共管理专业的学生，从西湖水岸走到了珍珠之乡。

校园里，人文学院的学生志愿者们不畏灼灼日光，在各处不停忙碌着。一声声亲切的"同学"和那洋溢眉宇间的朝气,像是穿透云层的一缕微光,融化了学弟学妹心底的紧张和陌生。

暨阳学院的课程令小岑着迷。如果说俄语课程带来了无尽的惊喜,那么公管专业课程则让她感悟到一丝探寻生活真谛的严谨。在几个月的学习生活中,小岑接触到了社会学,第一次发现了这位"躲在生活影子里的巨人"。通过它的七彩视角,小岑发现生活中的每一件小事似乎都被赋予了深刻的含义。上课时,老师提出的一个问题使她印象深刻:"为什么经济不景气的时候口红的销量反而更好呢?"在学生们不解的眼神里,老师向大家揭示了何为"口红效应",即虽然经济不景气,但大家的消费欲望却不低,于是将目光转向了比较低价的奢侈品。听完老师的解释,大家恍然大悟。原来,口红的销量不单单关乎经济学,同时也关乎社会学知识。

那么,是否可以在旅游业中找到社会学的影子呢?小岑想到燕海鸣老师的一篇文章,里面提及:"旅游给当地带来更多的就业机会,却也在改变着既有的社会生活节奏。在对旅游地产生影响的同时,旅游也让旅游者重新认识自我。"是啊,当你走过苏堤时,拥有短暂时空交错感的不单单是你;站在黄浦江岸时,对"魔都"天际线感到惊奇的也不只是你;穿过逢源双桥时,思绪万千的更不仅仅是你……小岑学了社会学过后,对于类似一部分人会在景点某处留下"到此一游"的现象,似乎已经可以从一个相对辩证的角度去找寻这类人内心深处某种缺失的感情。

两年光阴看似转瞬即逝,却承载着小岑人生的重要转折点。她曾受困于心境,被局限在狭小的天空,只盼能在本科院校继续沿着学习俄语的道路走下去,却一直忽视寻找自己内心真正缺失的力量,专科与本科专业的不相关促成了她对未来学业看法定式现象的出现。当她真正脱离俄语巨人温暖怀抱时,才鲜明感受到巨人送给她的最大礼物——坚韧与坚定,她将礼物内化,变成个性中的一部分,在面对各种挑战与机遇时,她不再沮丧,而是能充满自信地面对。而让她接

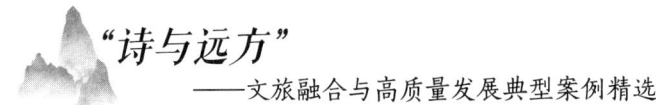

受礼物的最大助力者是社会学,她像是一位温柔的姐姐,从"巨人"怀里接走小岑,牵着她的手帮助她寻找并且坚定未来的目标,成为一个真正的"社会人",从新专业的学习中实现自我价值。相信终有一天,小岑能手捧一颗颗温润晶莹的珍珠,笑对人生。

点评

随着用人单位对学历的要求越来越高,很多专科生开始为提升自己的学历而努力。"专升本"考试是专科与本科教育之间的直通车,不仅为高职专科生提供了继续深造的机会,同时也提升了人才培养质量。部分高职生无法在高职本科学校得到相对应的专业深造,导致这类学校失去一部分真正有天赋、有能力的学生。案例中,小岑的高职俄语专业无法在本科继续深造就是一个例子。

高职院校在培养专业优秀人才的同时,也需增加对专升本学生群体的重视,在该群体规模不断扩大与自身院校教学结果质量不断提高的背景下选择性开放相关内容的课程,帮助学生顺利进入更好的平台。高职本科与专科院校应加强沟通、合作的力度,开辟人才培养新方案,为社会输送更高质量的人才。对于一部分有转专业想法的学生,他们可以通过专升本的方式进入感兴趣的领域学习。这样他们不仅开阔了视野与视角,还提升了自我素质与涵养,在未来就业市场上拥有了更大的竞争力。

十二、心中有爱,路一定在前方

2020年1月17日,黄历上写着"日值月破,大事勿用"。高级导游员小杜带着游客从杭州余杭径山下来。当车子穿过村庄时,能看到家家竹林里都堆着半尺厚的砻糠,那是为孵笋做的准备。时值傍晚,暮云四合,它们和村中炊烟融在一处,勾勒出江南乡村的恬美轮廓,就像王右丞的诗句"暧暧远人村,依依墟里

第四章
文旅融合背景下，文旅跨界型人才的培养

烟"，一切是如此祥和，毕竟春节就要来了。突然，小杜手机上收到一则通知，他被告知因为一场突发的公共卫生事件蔓延至浙江，明天的游客不会来了。

收到消息的小杜并不紧张，多年的导游经历让他对随时变更的工作计划视之泰然。导游员的碎片时间总是比较多，平常他也会根据这一特点，在空闲时处理一些零散事务，这样时光不会虚度，自己也能得到充实，毕竟临时的空缺通常不会持续很久。但他不承想，这次突发事件的周期会那么长。这个旅游团被取消之后，直到来年春天他都没有见过游客。

旅游业是个高弹性的行业，通俗地说就是非常脆弱。遇到重特大公共卫生事件，就有可能会长期"停摆"。没有了大众旅游活动，导游员空闲了，时间富余了，在这些时间里能做些什么呢？首先肯定是"活下去"，不少旅游界的从业者纷纷通过打零工的方式弥补主业收入上的不足。其次是"充电"，正所谓"水之积也不厚，则其负大舟也无力"，淡季查漏补缺，旺季才能游刃有余，这是大多数优秀导游都已养成的良好职业习惯。最后是"创新"，有道是"穷则变，变则通"，旧路被堵上了，就开出新路来，待业在家的导游成了"旅游直播"最积极的推动者之一。

但是小杜有自己的思考，这三条路他最终全都没有选择。首先对打零工而言，他觉得若这次突发事件持续时间不长的话，经济上的压力尚可承受，没有必要拿宝贵的时间去从事那些易复制的低端工作。其次对淡季"充电"而言，他觉得虽然是重要的，不过多年以来自己已经养成良好的习惯，能够利用碎片时间来完成。最后，创新需要有志同道合的伙伴形成合力，否则形成不了壁垒，也不过就是做了人人都能做的事。

经过了一番思考后，他意识到更值得去做的，不是平替，而是跨越。只有扎根行业，锚定目标，跨越职级，跨越层次，跨越能力，才能拥抱未来。正如《周易》所说"大人虎变""小人革面"，也就是说要做让量变达到质变的事，而不仅仅是花时间改变了表面。

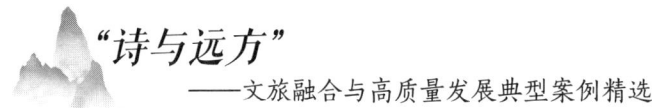

所以小杜想做的第一件事，就是重新整理导游词。这不仅是站在个人角度的温故知新，更是积极展望未来，为旅游行业恢复后的发展作应用性探索。于是他加入了浙江省全国导游资格考试教材专家编写组，参编了导游资格考试教材。另一方面，编撰教材是技能转化与积累升华的重要途径。其中，研学旅行和旅行管家是未来旅游接待服务发展的两个重要方向，在理论和实践上都有很大的空白。他也积极参与了相关教材的编写工作，既为行业未来的发展贡献一点力量，也为自己积累了部分工作经验。

行业知识与职业技能的质变与升华，除了理论上的文字体现之外，更重要的是实践上的技能交流。因此，小杜也加强了学校授课、社会培训和交流的工作量，成为万千高校网课教师中的一员。无论线上还是线下，他都与学生们进行知识交流，共同进步。尤其在党政培训中，通过生动的党课，他将中国智慧和浙江经验与更多省内外的学员交流分享，不负一名共产党员的初心和使命。

爱祖国，爱家乡，是导游员最基本的职业素养。在旅游接待工作基本停摆期间，他虽然足不出户，却也腾出精力来，用更多的文字去歌颂祖国的大美山河。其中，在第4届运河国际诗歌大会中，小杜的诗作《运河颂》名列榜首，也算是为文旅中国"添砖加瓦"了。

点评

导游是促进旅游业发展的重要力量，是提升旅游服务质量的关键因素。俗话说，没有人知道明天和意外哪个更先到来。面对意料之外的突发事件，国家在2007年颁布了《中华人民共和国突发事件应对法》，按照突发事件的性质过程和机理，将其分为自然灾害、事故灾难、公共卫生事件和社会安全事件。作为一名优秀的导游员，不仅需要具备精准的判断力和有效的执行力，能够出色应对各种突发事件，同时也应该具备职业规划和建设发展能力，能够积极拥抱变局，"转危为机"，在为行业创造价值的同时，实现自我职业价值的同步发展。

案例中的导游员曾获得杭州市"金牌导游"的称号。金牌导游的优势主要体现在服务质量上，讲解水平是否被游客认可也是衡量金牌导游水平高低的一个标准。通常金牌导游行业经验更为丰富，能够为游客提供个性化的旅游服务。这就要求金牌导游需要花更多的时间积累与提升知识和技能。该金牌导游在突发的公共卫生事件所做的三件事情：整理导游词、编撰教材，赴高校授课、给党政培训上党课，参加国际诗歌比赛，完全符合一名金牌导游应该具备的基本素养，值得点赞。

只要心中有爱、眼前有路、脚下有劲，导游员的明天和旅游行业的未来，必然可以比翼齐飞！

十三、让高中与大学的课程衔接成为文旅融合的一道亮丽风景

2024年1月31日，浙大附中高一的同学们刚结束了期末考试，即将迎来他们高中阶段的第一个寒假。平日里书声琅琅的教室内时而传出杭州话的问答，时而还传出英语的对话。原来，浙江旅游职业学院的老师们和文旅相关行业专家在给浙大附中的同学们进行别开生面的大学先修课程的教学。

先修课教师团队由12位旅游教育领域的教授、教育名师、行业专家、金牌导游组成。依据浙大附中一直推崇的"人格与学术并重，本土与国际兼容"的办学特色，先修课的教师团队希望通过先修课带给浙大附中的同学们国际化的视野和本土的人文情怀。因此，先修课程的模块设计为"零距离接触全球"和"宋韵杭州之旅"两部分。

据不完全统计，浙大附中上大学先修课的同学有相当一部分已经有过出国、出境的经历，所有的同学都表示有机会将选择走出去看看。借此机会，"零距离接触全球"先修课程带着同学们"云游学"，同时也让有出国、出境计划的同学

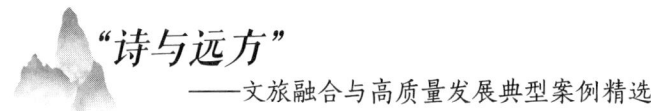
"诗与远方"
——文旅融合与高质量发展典型案例精选

们能先一步"放眼看世界",进一步开拓了大家的国际化视野。

授课过程中,有过海外经历的同学纷纷举手参与该课程的演绎,就相应板块的旅行见闻与先修课的老师们展开了讨论,"如果我是哥伦布、麦哲伦""环球徐霞客"等议题让师生们脑洞大开,教授们和文旅行业专家对相关专业的前景给出了自己的见解。

21世纪以来,由于普通话的影响及外来人口的增加,杭州地区通行的杭州话越来越靠近普通话,越来越多的杭州青年不会说杭州话,听不懂杭州话,不了解杭州的历史文化,甚至说不全杭州的行政区划。借杭州拥有西湖文化景观、中国大运河(杭州段)、良渚古城遗址世界三大文化遗产及良渚文化、吴越文化、南宋文化的历史脉络,"宋韵杭州之旅"课程应运而生。该课程以杭州的历史作为文化脉络,融历史人物与事件、经典诗歌、旅游景区于一体,以全方位的角度将杭州的人文、历史介绍给同学们,让他们对自己的家乡能有更全面的认识和更深入的了解。

课堂上,回想起当年上课时经常被历史老师点名回答问题时不知所措的窘态,大家不禁相视一笑。如今,浙大附中的同学们面对我们的历史提问对答如流,对历史大事件时间的判断如同 Carbon-14 dating(碳十四测年),部分班级的同学们提出先修课可以全英文问答;在大家讨论某一历史事件时,某同学对老师 PPT 上的观点提出了相左的意见,依据是 CNKI 数据库中某核心期刊上发表的一篇论文,当年写硕士论文时我只知道 QQ、百度,而现在的他们早已学会了借鉴 CNKI 和众多外国数据库。当然,本地方言——杭州话的传承还是值得重视的,有一部分杭州的同学已经不会说杭州话了,我们在课堂上听到同学们那一口杭普话也是别有一番味道。

点评

教育不是一蹴而就的,教育的各个阶段也不是孤立的。教育是一个由各阶段相互联动、不断发展而组成的动态系统,为此不同教育阶段之间的过渡和衔接就显得格外重要。高中过渡到大学是学生最重要的一个阶段,高中阶段先修课程的开设不仅有利于学生综合素质的提升,也有助于教育的延续性保证。

先修课程是中等教育和高等教育两个教育层次之间课程的提前连接或承接,也是中高等教育在教育目标、课程设置、教学内容等方面相互承接、衔接递进的一种有机结合状态。它可以使教育成为连续、统一的整体。

目前而言,高中阶段的大学先修课程是必要的。从新世纪培养人才的角度、从满足学生个性发展的需要、从强化课程的选择出发进行思考,高中阶段都应该引进部分大学课程,拓宽学生视野,培养学生更高层次的能力。但是我们大多数高中的先修课程设置领域过窄、门类过少、缺乏灵活性,课程难以满足学生多样化的需求。因此,未来学校在先修课程的设置上,需要更丰富多样的选修课程来满足同学们对不同知识的渴求和兴趣的需要,同时也要关注同学们的个性化需求。案例中,上午、下午分别为高中生讲授"宋韵杭州之旅"和"零距离接触全球"两个模块的专题就是一个非常好的样本。

参考文献

［1］舒伯阳，张乐婷，喻春艳.文旅时代的IP智造［M］.北京：旅游教育出版社，2021.

［2］余秋雨.文化苦旅［M］.上海：东方出版中心，1992.

［3］徐锦江.上海文化发展报告［M］.上海：上海社会科学院出版社，2021.

［4］宁夏社会科学院.宁夏文化发展报告［M］.银川：宁夏人民出版社，2020.

［5］木霁弘.茶马古道文化遗产线路［M］.昆明：云南大学出版社，2020.

［6］周丹敏.乡村旅游目的地营销中的政府行为评价研究［M］.南昌：江西高校出版社，2020.

［7］潘海颖.寻趣自得创游：休闲审美与创意旅游［M］.南京：南京大学出版社，2020.

［8］刘伟.旅游概论［M］.5版.北京：高等教育出版社，2023.

［9］张天弛.一顶帐篷搭出文旅商融合新场景［N］.文汇报，2024-12-25（001）.

［10］徐辉.国际旅游业对客服务艺术案例［M］.杭州：浙江科学技术出版社，2008.

［11］叶志良．文旅融合时代的国内旅游演艺研究［M］．北京：中国旅游出版社，2019．

［12］张建融．杭州旅游史［M］．北京：中国社会科学出版社，2011．

［13］高长江．人文素养概论［M］．杭州：浙江大学出版社，2021．

［14］罗伯特·麦金托什，夏希肯特·格波特．旅游学：要素、实践、基本原理［M］．上海：上海文化出版社，1985．

［15］周彩屏．旅游影响下的浙中东阳卢宅古村落变迁研究［M］．杭州：浙江大学出版社，2015．

［16］张岱年，程宜山．中国文化精神［M］．北京：北京大学出版社，2015．

［17］王健民．文化旅游发展理论与实务基础［M］．北京：旅游教育出版社，2019．

［18］李忠．文旅演讲录［M］．北京：世界知识出版社，2024．

［19］徐虹，朱伟．乡村旅游创意开发［M］．北京：中国农业大学出版社，2019．

［20］王昆欣．旅游景区服务与管理案例［M］．2版．北京：旅游教育出版社，2022．

［21］朱倩倩，向勇．中国数字文化和旅游产业发展报告2022—2023数智创意赋能乡村文旅的模式与路径［M］．北京：中国旅游出版社，2024．

［22］杨晓政．西湖文化读本［M］．北京：红旗出版社，2013．

［23］徐辉．中国公民出境旅游服务质量解析［M］．杭州：浙江工商大学出版社，2017．

［24］李莹莹．西湖传说文化探微［M］．杭州：浙江工商大学出版社，2015．

［25］李虹，冯翔．跨越——杭州旅游国际化的探索与实践［M］．北京：中国旅游出版社，2013．

［26］陆立德，郑本法．社会文化是重要的旅游资源［J］．甘肃社会科学，

1985（6）：6.

[27] 沈孟雨，陈鑫月，张潇，等.文旅融合背景下星级酒店创新发展研究[J].内蒙古科技与经济，2023（16）：29-32.

[28] 徐辉.红色文化背景下乡村旅游振兴提质升级对策研究——以浙江下姜村为例[J].四川旅游学院学报，2022（4）：37-42.

[29] 冯学钢，程馨.文旅元宇宙：科技赋能文旅融合发展新模式[J].旅游学刊，2022，37（10）：8-10.

[30] 徐辉.墨尔本一日游开发与经营对杭州旅游业的启示[J].浙江外国语学院学报，2012（6）：5.

[31] 倪春梅，蔡刚.基于顾客体验的酒店服务质量评价与提升研究[J].山东师范大学学报（自然科学版），2021，36（1）：82-91.

[32] 帅英华，邹光勇.基于网络文本分析的中高档酒店顾客感知价值差异研究[J].旅游研究，2019（7），11（4）：16.

[33] 吴开军，赵燕.中国大陆游客对美国旅游感知研究——基于网络自媒体的内容分析[J].旅游研究，2019，11（1）：16-25.

[34] 曾维东.研学旅行与综合实践活动课程的融合研究[J].甘肃教育研究，2022（10）：12.

[35] 徐辉，潘海颖.公民道德视域下的中国出境游客素质提升研究[J].杭州电子科技大学学报（社会科学版），2016，12（2）：24-28.

[36] 王嘉.成都露营黄金时代要来了吗？[N].成都日报，2022-11-14（003）.

[37] 马斌.特色小镇：浙江经济转型升级的大战略[J].浙江社会科学，2016（3）：4.

[38] 张鸿雁.论特色小镇建设的理论与实践创新[J].中国名城，2017（1）：7.

[39] 付晓东, 蒋雅伟. 基于根植性视角的我国特色小镇发展模式探讨 [J]. 中国软科学, 2017 (8): 10.

[40] 徐辉, 朱倩倩. 新版专业目录指导下导游专业内涵变迁与人才培养创新研究 [J]. 教育与职业, 2022 (2): 97-102.

[41] 李春艳, 李建英. 研学旅行与乡村旅游融合发展的策略研究 [J]. 智慧农业导刊, 2022, 2 (12): 3.

[42] 慎建波, 李官鑫. 文旅融合视角下乡村经济发展模式创新研究 [J]. 华北电力大学学报 (社会科学版), 2022 (4): 8.

[43] 张艳霞. 新乡市中学生乡村研学旅游市场开发研究 [D]. 新乡: 河南师范大学, 2018.

[44] 侯莲莲, 郑向敏. 中国省域星级酒店市场结构变化的空间差异分析 [J]. 重庆工商大学学报 (社会科学版), 2017, 34 (2): 7.

[45] 张秋实. 硬设施+软服务, 打造旅居养老新模式 [J]. 城市开发, 2018 (11): 1.

[46] 索晓霞. 乡村振兴战略下的乡土文化价值再认识 [J]. 贵州社会科学, 2018 (1): 7.

[47] 杨柳青青. "四合模式"下旅居养老特色小镇研究 [D]. 金华: 浙江师范大学, 2018.

[48] 卢梅, 于晓琳, 单培彦. 地中海饮食在阿尔茨海默病中的作用 [J]. 中华老年医学杂志, 2019, 38 (6): 5.

[49] 梅芳. 高职教育与本科教育的衔接问题探讨——以诚毅学院专升本会计学专业为例 [J]. 湖北第二师范学院学报, 2017, 34 (12): 4.

[50] B Joseph Pine II, James H Gilmore. The experience economy [M]. Harvard Business School Press, 1999.

[51] Joanne Connel. Film tourism-evolution, progress and prospects [J].

Tourism Management, 2012, 33 (5): 1007-1029.

[52] Mustafa Cevdet Altunel, Berkay Erkurt. Cultural tourism in Istanbul: The mediation effect of tourist experience and satisfaction on the relationship between involvement and recommendation intention [J]. Journal of Destination Marketing & Management, 2015 (4): 213-221.

[53] Richards G W. The development of cultural tourism in Europe [M]. Spain: Estudios Turísticos, 2001.

[54] Marine-Roige, ClavesaL. Tourism analytics with m as-sive user-generated content: A case study of Barcelona [J]. Journal of Destination Marketing & Managem ent, 2015, 4 (3): 162-172.

图书在版编目（CIP）数据

"诗与远方"：文旅融合与高质量发展典型案例精选 / 徐辉，徐哲斓著. -- 北京：旅游教育出版社，2025.7（2025.11重印）. -- ISBN 978-7-5637-4785-6

Ⅰ．F592.3-53

中国国家版本馆CIP数据核字第2025CZ9971号

"诗与远方"——文旅融合与高质量发展典型案例精选

徐辉　徐哲斓　著

策　　划	黄明秋
责任编辑	黄明秋
出版单位	旅游教育出版社
地　　址	北京市朝阳区定福庄南里1号
邮　　编	100024
发行电话	（010）65778403　65728372　65767462（传真）
本社网址	www.tepcb.com
E - mail	tepfx@163.com
排版单位	北京旅教文化传播有限公司
印刷单位	唐山玺诚印务有限公司
经销单位	新华书店
开　　本	787毫米×1092毫米　1/16
印　　张	11.5
字　　数	131千字
版　　次	2025年7月第1版
印　　次	2025年11月第2次印刷
定　　价	58.00元

（图书如有装订差错请与发行部联系）